✱ 우리말에
딱 떨어지는
영어표현

저자
마이클 엘리엇

EnglishinKorean.com

마이클의 오늘의 표현

YouTube

잉 글 리 쉬 인 코 리 언 닷 컴

+ PROLOGUE

Back in 2014, about four years after I began my English-teaching YouTube channel, English in Korean, I decided to start a new series that would exclusively cover basic expressions from daily life that Koreans tend to find difficult. That new series would eventually become "Expression of the Day" and serves as the primary content for this book. Over the subsequent years, I continuously updated the series and upon reaching the milestone of my 100th episode, I decided to compile these lessons into a book. Every chapter herein is accompanied by a free Internet lecture available on YouTube. In addition to the online content, this text has been supplemented with hundreds of additional example sentences, notes on context and usage, and model dialogues.

Beyond the "Expression of the Day" series covered in these pages, I also maintain a free educational website (http://www.EnglishinKorean. com), offer an education podcast for English learners (The EiK Podcast) and run two YouTube channels (English in Korean and English in Korean Plus!), which together offer thousands of hours of free English education. Simply making use of the lessons I provide free of charge, one could study a new topic every day for years without repetition. I sincerely hope that my efforts become a valuable resource for the millions of English learners in Korea!

이 책에 담긴 '오늘의 표현' 연재는 제가 무료 영어 교육 채널 'English in Korean'을 시작한 지 4년쯤 지난 2014년, 한국인들이 가장 궁금해할 만한 표현을 모아서 집중적으로 가르치고자 하는 취지로 시작했습니다. 그 후로 몇 년간 수십 개의 강의를 만들었고 올해 '오늘의 표현' 연재 100편을 맞이하면서 그 내용을 모아 이 책을 내기로 했습니다. 유튜브에서 모든 표현이 들어있는 동영상 강의를 들을 수 있고 영상에서 제시한 예문 외에도 상세한 설명, 대화, 유의어를 덧붙여 내용을 많이 보완했습니다.

이 연재 외에도 한국인 학습자들이 무료로 영어를 공부하실 수 있도록 무료 영어 학습 팟캐스트(EnglishinKorean 팟캐스트), 500개 넘는 강의가 담긴 유튜브 채널 (English in Korean과 English in Korean Plus!)과 무료 영어 학습 사이트 (http://www.EnglishinKorean.com)를 운영하고 있습니다. 온라인상에서 제가 제공하는 영어 학습으로 매일 다른 강의를 들어도 몇 년간 무료로 영어를 공부하실 수 있습니다. 모쪼록 많은 분들이 영어 학습에 도움을 받을 수 있었으면 좋겠습니다!

마이클 엘리엇

+ CONTENTS

+ PROLOGUE

+ CONTENTS

1편	'네가 결정해'를 영어로!	12
2편	'기차가 역에 들어오고 나간다'를 영어로!	14
3편	'구별할 수 있어요?'를 영어로!	16
4편	'프린트'를 영어로!	17
5편	'멘붕'을 영어로!	19
6편	'그는 내 가장 친한 친구들 중 한 명이야'를 영어로!	21
7편	'아침형 인간, 저녁형 인간'을 영어로!	22
8편	'일행이 있습니다'를 영어로!	24
9편	'~치고는'을 영어로!	27
10편	'외향적인 사람입니다'를 영어로!	29
11편	'1~4학년'을 영어로!	31
12편	'시간을 내다'를 영어로!	34
13편	'계기'를 영어로!	36
14편	'즉석에서'를 영어로!	38
15편	'저 휴학했어요'를 영어로!	40
16편	'그런 말 많이 들어요'를 영어로!	43
17편	'전화가 엇갈리다'를 영어로!	45

18편	'우유부단하다'를 영어로!	46
19편	'상기시키다'를 영어로!	49
20편	'공통점이 많아요'를 영어로!	51
21편	'정신 차려'를 영어로!	53
22편	'~까지'를 영어로!(Until vs. By)	55
23편	'한창 잘나갈 때'를 영어로!	57
24편	'재미있겠네'를 영어로!	59
25편	'괜찮은 사람, 나쁜 사람, 흥을 깨는 사람'을 영어로!	62
26편	'욕하다'를 영어로!	65
27편	'까먹었다'를 영어로!	69
28편	'내가 쏠게(내가 낼게)'를 영어로!	72
29편	'음치, 몸치, 기계치, 길치'를 영어로!	76
30편	'취했어요'를 영어로!	79
31편	'~한 보람이 있다'를 영어로!	81
32편	'우연히 마주치다'를 영어로!	83
33편	'MT, 회식'을 영어로!	84
34편	'미드 정주행'을 영어로!	87
35편	'칭찬하다'를 영어로!	89
36편	'바람맞았어요'를 영어로!	92
37편	'졸려'를 영어로!	98

38편	'미루다'를 영어로!	100
39편	'이야기를 꺼내다'를 영어로!	104
40편	'사이좋게 지내다'를 영어로!	107
41편	'하다가 말다가'를 영어로!	109
42편	'헛고생했다'를 영어로!	111
43편	'새해 결심'을 영어로!	113
44편	'나와 같은'을 영어로!	115
45편	'피장파장이다'를 영어로!	117
46편	'충동구매'를 영어로!	119
47편	'새옹지마'를 영어로!	120
48편	'통근하다'를 영어로!	122
49편	'낚였다'를 영어로!	124
50편	'오버하다'를 영어로!	127
51편	'성대모사'를 영어로!	129
52편	'싸게 잘 샀다'를 영어로!	132
53편	Look forward to와 Not look forward to!	134
54편	'편애하다'를 영어로!	137
55편	'타고난'을 영어로!	138
56편	'난 항상 네 편이야'를 영어로!	140
57편	'늦잠 자다'를 영어로!	143
58편	'눈치 없다, 눈치 있다'를 영어로!	146
59편	'일부러, 실수로'를 영어로!	149
60편	'~ 음식이 땡겨'를 영어로!	151

61편	'감동적이다'를 영어로!	**155**
62편	'그때그때 달라요'를 영어로!	**158**
63편	'뒤끝 있다'를 영어로!	**161**
64편	'나 만만한 사람 아니야'를 영어로!	**164**
65편	'연상, 연하'를 영어로!	**167**
66편	'응원하다'를 영어로!	**169**
67편	'화풀이하다'를 영어로!	**172**
68편	'엿듣다, 엿보다'를 영어로!	**175**
69편	'Blue-collar, White-collar, Redneck'이란?	**178**
70편	'아예(영원히) 갔어요'를 영어로!	**181**
71편	'핑계 대지 마'를 영어로!	**183**
72편	'이상형'을 영어로!	**188**
73편	'들르다'를 영어로!	**192**
74편	'빵 터졌어요'를 영어로!	**197**
75편	'시간 가는 줄 몰랐다'를 영어로!	**201**
76편	'봐주다'를 영어로!	**204**
77편	'역시'를 영어로!	**208**
78편	'단골, 평소에 먹는 것'을 영어로!	**211**
79편	'우여곡절'을 영어로!	**214**
80편	Stand up for와 Stand up to!	**218**
81편	'덕분에'를 영어로!	**220**
82편	'실물이 낫다'를 영어로!	**224**
83편	'작심삼일, 끈기'를 영어로!	**227**

84편	'틀에 박힌 삶'을 영어로!	230
85편	'장난 아니야'를 영어로!	232
86편	'욱하다'를 영어로!	235
87편	'누명 씌우다'를 영어로!	237
88편	'사이가 멀어지다'를 영어로!	239
89편	'트집 잡다'를 영어로!	241
90편	'시간 문제다'를 영어로!	243
91편	'격주, 격월'을 영어로!	246
92편	영어 원어민들이 'say' 대신 쓰는 표현들	247
93편	'안주하다'를 영어로!	249
94편	'너답지 않게'를 영어로!	251
95편	'자기 관리하다'를 영어로!	254
96편	'지겹다, 질리다'를 영어로!	257
97편	'할 뻔하다'를 영어로!	259
98편	'티 나다, 티 내다'를 영어로!	262
99편	'적어도, 최소한'을 영어로!	265
100편	'수고했다'를 영어로!	268

마이클의 오늘의 표현

YouTube

EnglishinKorean.com

유 튜 브 잉 글 리 쉬 인 코 리 언 닷 컴

1편

'네가 결정해'를 영어로!

1 | It's up to you. 네가 결정해.

A: 이따가 뭐 좀 먹으러 갈까?

Wanna grab a bite to eat later?

*Wanna는 want to의 축약형으로 원어민들이 편하게 이야기할 때 쓰는 말입니다. 격식을 차려야 하는 상황에서는 쓰지 않는 것이 좋습니다.

grab a bite to eat 간단히 먹다

B: 좋아. 뭐 먹고 싶어?

Cool. What do you want to eat?

cool 좋아, 좋다(어떤 제안에 대한 찬성, 동의를 나타낸다.)

A: 아무거나. 네가 결정해.

Anything. It's up to you.

A: 올해 수학 여행 가도 되나요?

Can I go on the school trip this year?

school trip 수학 여행, 현장 학습, 답사(=field trip)

B: 아버지에게 물어 봐. 아버지가 결정하실 거야.

Ask your father. It's up to him.

*It's up to +사람
A: Are we going on a picnic tomorrow? 내일 소풍 갈 거야?
B: It depends on the weather. (O) 날씨에 달렸지.
It's up to the weather. (X)
It's up to 뒤에는 무생물 주어를 쓸 수 없어요. 반드시 It's up to +사람으로 써야 합니다.

A: 내가 봤을 때 이 상품은 바로 있는 그대로 출시하는 게 좋을 것 같아.
I think we should just release this product as is.

release 공개하다, 발표하다 | as is 있는 그대로

B: 네가 결정하는 거 아냐.
It's not up to you.

+ Plus

A: 오늘 뭐 할 거야?
What are you gonna do today?

* Gonna는 going to의 축약형으로 원어민들이 편하게 이야기할 때 쓰는 말입니다. 격식을 차려야 하는 상황에서는 쓰지 않는 것이 좋습니다.

B: 아무거나. 네가 결정해.
Whatever. It's up to you.

A: 내일 몇 시에 시작할 거야?
When do you wanna start tomorrow?

B: 아무 때나. 네가 결정해.
Anytime. It's up to you.

A: 무슨 장르의 영화를 보고 싶어?
What genre of movie are you in the mood for?

B: 난 뭐든지 괜찮아. 네가 결정해.
I'm OK with anything. It's up to you.

A: 정말? 그러면 액션 영화로 하자.

flick 영화 (한 편)

Really? Then let's go with an action flick.

+ Introduction

마이클이 기차역에서 '기차가 도착하고 떠난다'는 표현에 대해 설명하고 있습니다.

leave

As you can see, the KTX is leaving right now.

떠나다, 출발하다

보시다시피 KTX가 지금 막 떠나고 있습니다.

1   **Pulling out 떠나고 있다 / Pulling into 들어오고 있다**

역을 떠나고 있다
Pulling out of the station

* departing from / leaving the station으로도 쓸 수 있어요.
　depart 출발하다

역에 들어오고 있다
Pulling into the station

* arriving at the station으로도 쓸 수 있어요.

기차가 역을 떠나고 있어.
The train is pulling out of the station.

기차가 역에 들어오고 있어.
The train is pulling into the station.

2 Platform 승강장

승강장에서 너를 기다리고 있어.
I'm waiting for you on the platform.

wait for ~를 기다리다

지하철역 안에서 만나자. 승강장에서 기다릴게.
Let's meet inside the subway station. I'll be waiting for you on the platform.

* 실제 서울역 안내방송에는 The train is approaching to platform 5.라고 나오는데 approach가 동사로 쓰일 때는 to를 함께 쓰지 않습니다. 따라서 The train is approaching platform 5.가 맞는 문장입니다. 반면에 approach가 명사로 쓰일 때는 to를 함께 사용합니다.

inside ~의 안에 | subway station 지하철역

3 Get on ~에 타다

지금 기차에 올라타고 있어.
I'm getting on the train right now.

Avoid I'm taking the train. (X)
기차에 올라타고 있다는 행위를 나타낼 때는 get on을 써서 말합니다. take the train이라고 하면 '(교통수단 중에서) 기차로 간다'는 의미를 나타내요.

+ Plus

A: 안녕. 나 거의 다 왔어. 너 어디야?
Hey, I'm almost there. Where are you?

B: 나 승강장에서 너를 기다리고 있어.
I'm waiting for you on the platform.

3편

'구별할 수 있어요?'를 영어로!

1 Tell the difference (차이를) 구별하다

(차이를) 구별할 수 있어요?
Can you tell the difference?

* tell은 본래 '알리다', '말하다'라는 뜻으로 많이 쓰이지만 '구별하다', '알다'라는 뜻으로도 사용됩니다.

A와 B의 차이를 구별할 수 있나요?
Can you tell the difference between A and B?

한국 사람들과 일본 사람들의 차이를 구별할 수 있나요?
Can you tell the difference between Koreans and Japanese people?

한국 사람들과 중국 사람들의 차이를 구별할 수 있나요?
Can you tell the difference between Koreans and Chinese people?

프랑스 사람들과 독일 사람들의 차이를 구별할 수 있나요?
Can you tell the difference between French people and German people?

펩시콜라와 코카콜라의 차이를 구별할 수 있나요?
Can you tell the difference between Pepsi and Coke?

저지방 요구르트와 일반 요구르트의 차이를 구별할 수 있나요?
Can you tell the difference between low-fat and regular yogurt?

low-fat 저지방의 | regular 보통의

4편 '프린트'를 영어로!

1 Print 사진

너에게 줄 8x10 사이즈 사진이 있어.
I have an 8x10 print for you.

* 우리가 수업 시간에 자료를 나누어 줄 때 흔히 '프린트'를 나누어 준다고 말하지만 미국에서 print는 '사진'을 의미합니다.
PLUS printing 인화 | darkroom 암실

그건 너희 집 벽에 걸 흑백 사진/컬러 사진이야.
It's a black-and-white print / a color print for your wall.

2 Printout 자료, 인쇄물 / Print out 출력하다(동사, 명사 모두 가능)

널 위해 그것들을 출력했어.
I printed those out for you.

3 Handout 수업 자료, 인쇄물 / Hand out 나누어 주다(동사, 명사 모두 가능)

나는 그것들을 나누어 주었다.
I handed those out.

여러분, 나가실 때 강의실 뒤에 있는 자료를 가져가시기 바랍니다.
**Everyone, make sure you pick up the handout at the back of
the class before you leave.**

지난 수업 시간에 준 학습 자료 가지고 있니?
Do you have the handout from last class?

+ Plus

선생님이 탁자 위에 수업 자료를 두었다.
The teacher left the printouts on the table.

수업 시간에 수업 자료 가져오는 거 잊지 마세요.
Don't forget to bring the handouts for class.

이것은 흑백 사진이야.
This is a black-and-white print.

A: 나 역사 수업 유인물 다 잃어버렸어.
I lost all of my handouts from history class.

B: 그래서? 그냥 선생님한테 더 달라고 해.
So? Just ask the teacher for more.

A: 거기에 내 모든 필기랑 하이라이트 표시한 게 있단 말이야!
They had all my notes and highlighting on them!

5편 '멘붕'을 영어로!

+ Introduction

마이클이 길을 건너면서 촬영하고 있는데 한 차가 신호를 지키지 않고 그냥 지나가고 있습니다. '신호를 안 지키고 간다'고 할 때 다음과 같이 표현할 수 있습니다.

intersection
교차로

The girl is crossing the intersection.
그 소녀가 교차로를 건너고 있어.

---

red light
빨간 불

He ran a red light.
그가 신호를 안 지켰어.

---

almost got killed
죽을 뻔하다

I almost got killed.
저는 죽을 뻔했어요.

---

1 Mental breakdown 멘붕

Mental 정신의, 정신적인(심리학, 두뇌와 관련된 분야) + breakdown 붕괴

그는 지금 멘붕 상태야.
He is suffering from a mental breakdown.

suffer from ~으로 고통 받다

나 멘붕 올 것 같아.
I think I'm about to have a mental breakdown.

I'm about to + 동사원형 나 막 ~하려는 참이야

그녀는 지금 멘붕 상태 같아.

It looks like she's having a nervous breakdown.

* 유의어인 nervous breakdown도 많이 사용되는 표현입니다.
  It looks like ~ ~인 것처럼 보이다

나 멘붕 올 것 같아.

I think I'm going to have a nervous breakdown.

+ Plus

그는 멘붕에 빠졌어.

He suffered a mental breakdown.

suffer 겪다, 시달리다

A: 샐리는 왜 저기 구석에서 울고 있어?

Why's Sally over there crying in the corner?

B: 내 생각에 멘붕이 온 것 같아.

I think she's having a mental breakdown.

A: 나 지금 직장에서 정말 스트레스 많이 받고 있어.

I'm under **so much** stress **right now at work.**

be under stress 스트레스를 받고 있다

B: 나도야. 맥주 한잔하면서 열 좀 식히러 가자.

Me, too. Let's go have a beer and blow off some steam.

blow off some steam 바람 쐬다, 기분 전환하다

+ Introduction

마이클이 전주에서 촬영하면서 안내판에 전주를 설명하는 문구인 The most Korean of Korean cities!를 설명해 주고 있습니다.

The most Korean of Korean cities!

한국 도시들 중에 가장 한국적인!

Avoid Jeonju is one of my favorite city. (X)

He's one of my best friends.
그는 내 가장 친한 친구들 중 한 명이야.

그는 내 가장 친한 친구들 중 한 명이야.
He's one of my best friends.

Avoid He's one of my best friend. (X)
* 그는 내 여러 친구들 중에 한 명이므로 반드시
복수 형태인 friends로 써야 합니다.

여기는 내가 가장 좋아하는 도시들 중 하나야.
This is one of my favorite cities.

Avoid This is one of my favorite city. (X)
favorite 가장 좋아하는

김치는 내가 가장 좋아하는 음식들 중 하나입니다.
Kimchi is one of my favorite foods.

Avoid Kimchi is one of my favorite food. (X)

그는 내가 가장 좋아하는 가수들 중 한 명입니다.
He's one of my favorite singers.

Avoid He's one of my favorite singer. (X)

+ Introduction

마이클이 양화대교 전망 카페에서 촬영하며 전망에 대해 얘기합니다.

〈전망이 안 좋을 때〉

grim	**The outlook is grim.**	* 여기서 쓰인 outlook은 비유적으로 경제적 상황

grim
암울한, 음침한

The outlook is grim.
전망이 형편없어.

* 여기서 쓰인 outlook은 비유적으로 경제적 상황 등에 대한 전망을 말할 때 쓰고 경치, 전망에 대해서 말할 때는 쓰지 않습니다.

not good
좋지 않은

The outlook is not good.
전망이 좋지 않아.

---

lookout, observation point, viewpoint, observation deck
전망대

The view is incredible from the observation deck.
전망대에서 보는 경관이 믿기 힘들 정도로 멋있다.

view 경관, 전망 | incredible 믿기지 않는

---

1 Morning person 아침형 인간 / Night person 저녁형 인간

난 아침형 인간이야. / 난 저녁형 인간이야.
I'm a morning person. / I'm a night person.

* 우리말로 '~형'이 들어가서 type을 쓴다고 생각할 수 있는데 실제 영어에서는 그렇게 쓰지 않습니다. 한국어의 '올빼미'처럼 영어에서도 늦게 잠드는 사람을 night owl이라고도 합니다.

나는 원래 아침형 인간이었어.
I've always been a morning person.

always 항상, 언제나

I've never been much of a morning person.
나는 원래 아침형 인간이 아니야.

나는 원래 아침형 인간이 아니야.
I've never been much of a morning person.

never 절대, 결코
be much of a ~인 편이 아니다

나는 원래 저녁형 인간이 아니야.
I've never been much of a night person.

나는 정말 아침형 인간이 아니야.
I'm really not a morning person.

나는 그다지 아침형 인간이 아니야.
I'm not really a morning person.

I have trouble getting to sleep at night.
나는 밤에 잠드는 게 어려워.

나는 밤에 잠드는 게 어려워.
I have trouble getting to sleep at night.

have trouble ~ing ~하는 데 어려움이 있다
get to sleep 잠들다

불면증을 겪고 있는 사람들은 밤에 잠들기 어려워한다.
People who suffer from insomnia have trouble getting to sleep at night.

insomnia 불면증

나는 아침에 일어나는 게 힘들어.
I have trouble waking up in the morning.

wake up (잠에서) 깨다

8편 '일행이 있습니다'를 영어로!

+ Introduction

마이클이 어느 골목길에서 촬영을 시작하면서 '골목'이란 단어를 알려주고 자신이 입은 티셔츠를 보여주면서 '자랑하다'라는 표현을 설명하고 있습니다.

alley, alleyway
골목

Two men are walking down the alley.
두 남자가 골목길을 걷고 있다.

---

ally
(명)동맹국, 내 편인 사람
(동)~을 지지하다, 편들다

The United States is an ally of South Korea.
미국은 남한의 동맹국이다.

---

brag (about)
심하게 자랑하다

I wanted to brag about my T-shirt.
제 티셔츠를 자랑하고 싶었어요.

* show off도 같은 의미입니다.

---

shame
수치심, 창피, 애석한 일

It's a shame!
아쉽네요!

* What a shame!의 형태로도 잘 쓰입니다.

---

waste
낭비

It's a waste!
아깝네요!

* What a waste!의 형태로도 잘 쓰입니다.

---

1 A company 회사 / Company 일행

회사를 가지고 있나요?
Do you have a company?

* 영어에는 관사 하나만 바꿔도 의미가 완전히 달라지는 표현들이 많이 있습니다. 주의하시기 바래요.

일행이 있어요? 아니면 혼자세요?
Do you have company or are you on your own?

* '일행'이라고 말할 때는 셀 수 없는 명사이므로 관사 없이 그냥 company라고 합니다.
  on your own 혼자(다른 아무도 없이)

일행이 있어요.
I have company.

저는 회사를 두 개 가지고 있어요.
I have two companies.

---

2 Dogs 개, 애완견 / Dog 개고기

저는 개를 (키우는 것을) 좋아합니다.
I like dogs.

저는 개고기를 좋아합니다.
I like dog.

* dog 앞에 관사의 유무에 따라 의미가 확연히 달라집니다. 원래 I like dog meat.라는 말에서 meat을 뺀 것 같이 들려서
  meat 없이 I like dog.라고만 이야기해도 '개고기를 좋아한다.'라는 뜻이 됩니다.
  I like chicken. 나는 닭고기를 좋아해요.
  I like chickens. 나는 닭(이라는 동물)을 좋아해요.

---

3 A party 파티 / Party 일행

저는 참석할 파티가 있어요.
I have a party to go to.

그는 제 일행입니다.
He's in my party.

* party에는 '파티'라는 뜻 외에도 '일행', 정치에서 말하는 '당'이란 뜻이 있습니다.

일행이 몇 명이시죠?
How many (people are) in your party?

* 식당에서 직원이 손님에게 이렇게 물어볼 수 있어요.

+ Plus

저는 일행이 있어요.(누군가와 같이 왔어요.)
I have company. (I'm with someone.)

someone 어떤 사람, 누구

저는 회사가 있어요.(저는 CEO예요.)
I have a company. (I'm the CEO.)

같이 있으실래요? 아니면 혼자 계시겠어요?
Would you like some company? Or would you rather be alone?

저는 개를 좋아해요.(저는 애완용으로 개 키우는 것을 좋아해요.)
I like dogs. (I like to raise dogs as pets.)

raise 기르다, 사육하다
pet 애완동물

+ Introduction

마이클이 촬영을 하면서 '옛날에 잘 다니던 장소'라는 표현을 알려주고 '엎드려 절 받기'의 영어 표현을 설명합니다.

stomping ground(s)
활동 무대

My old stomping ground(s)!
나의 예전 활동 무대!

stomp 발을 구르다 | ground 땅, 토지, 장소

fish for compliments
칭찬을 얻으려고 하다(엎드려 절 받다)

I was fishing for compliments about my T-shirt.
내 티셔츠에 대해 칭찬받고 싶었어요.

* 우리가 흔히 '칭찬'이라고 하면 praise를 떠올리기 쉬운데 이 말은 문어체에서 많이 사용하고 평상시는 compliment를 더 많이 씁니다.
fish for ~을 얻으려 하다 | compliment 칭찬

1 For a/an ~ ~치고는

미국인치고는(미국에서 온 사람치고는) 그는 한국어를 잘합니다.

For an American (for someone from the US), he speaks Korean well.

* '~치고는 무언가를 잘한다'라고 말하는 경우 칭찬이기는 하나 제한적인 칭찬이므로 qualified statement(제한적인 표현)라고 할 수 있습니다.

초등학생치고는 그의 어휘력은 뛰어납니다/믿기지 않을 정도입니다.

For an **elementary schooler**, his **vocabulary** is **amazing/incredible**.

* elementary schooler는 elementary school student와 같은 의미입니다. 미국에서는 초등학생을 elementary schooler, 중학생을 middle schooler, 고등학생을 high schooler라고 합니다. 하지만 대학생은 university schooler라고 하지 않습니다.

vocabulary 어휘력 | amazing 놀라운 | incredible 믿을 수 없는, 믿기 힘든

미국인치고는 한국 전통음악에 대한 그의 지식이 믿기 어려울 정도입니다.

For an **American**, his **knowledge** of **traditional** Korean music is **astounding**.

knowledge 지식 | traditional 전통의 | astounding 믿기 어려운

초등학생치고는 한국 정치에 대한 그의 지식이 놀라울 정도입니다.

For an **elementary schooler**, his **knowledge** of Korean **politics** is **amazing**.

politics 정치

미국인치고는 / 한국인치고는 / 아이치고는 / 어른치고는

For an **American** / For a **Korean** / For a **kid** / For an **adult**

미국인치고는 한자에 대한 그의 지식이 믿기 어려울 정도입니다.

For an **American**, his **knowledge** of **Chinese characters** is **incredible**.

Chinese characters 한자

+ Introduction

마이클이 기차를 타고 가는데 기차 안에 아무도 없어서 촬영을 하고 있습니다.

cross

(가로질러) 건너다, 가로지르다

We're crossing the Han River!

우리는 지금 한강을 건너고 있습니다!

Extrovert 외향적인 사람 / Outgoing 외향적인 / Extroverted 외향적인 / Sociable 사교적인

그는 외향적인 사람입니다.
He's an extrovert.

저는 제 자신이 외향적인 사람이라고 생각합니다.
I consider myself (to be) an extrovert.

consider 생각하다, 여기다

그는 매우 외향적입니다.
He's very outgoing.

그는 매우 외향적인 성격을 가지고 있습니다.
He has a very outgoing **personality.**

personality 성격

그는 외향적입니다.
He's extroverted.

그는 매우 사교적입니다.
He's very sociable.

2 | Introvert 내성적인 사람 / Introverted 내성적인 / Shy 수줍음이 많은

그는 내성적인 사람입니다.
He's an introvert.

그는 내성적입니다.
He's introverted.

그는 수줍음이 많습니다.
He's shy.

유튜브 방송인으로서의 제 직업에도 불구하고 저는 제 자신이 내성적인 사람이라고 생각합니다.
Despite my profession as a Youtuber, I consider myself (to be) an introvert.

despite ~에도 불구하고
profession 직업

+ Introduction

마이클이 학교 내 흡연 구역에서 촬영을 시작하고 있습니다. 흡연 구역치고는 주변 경관이 좋다며 다음과 같이 말합니다.

scenic

경치가 좋은

For a smoking area, it's very scenic.

흡연 구역치고는 경치가 너무 좋네요.

---

1 Freshman 1학년 / Sophomore 2학년 / Junior 3학년 / Senior 4학년

내가 대학 1학년/3학년 때 ~

When I was a freshman/junior, ~

Avoid When I was a first year in college
우리말로 1학년이라고 해서 이렇게 표현하지 않습니다.

freshman 1학년(복수형: freshmen) | sophomore 2학년 | junior 3학년 | senior 4학년

내가 고등학교 4학년 때 ~

When I was a senior in high school, ~

* 미국은 고등학교도 4학년까지 있기 때문에 이렇게 표현할 수 있어요.
Avoid When I was a fourth year, ~ (X)

2 When I was in college, ~ 내가 대학 다닐 때 ~ / When I was a college student, ~ 내가 대학생일 때 ~

내가 대학 다닐 때 ~
When I was in college, ~

* 미국에서 college와 university는 거의 같은 의미로 상용되고 실제 college라는 말을 더 많이 씁니다.
  When I was in university / When I was a university student는 쓸 수는 있지만 잘 쓰지 않습니다.
  미국에서 2년제 대학교는 community college라고 합니다.

내가 대학생일 때 ~
When I was a college student, ~

저는 대학생입니다.
I'm a college student.

3 Back in college, ~ 대학 시절에 ~

대학 시절에 ~
Back in college, ~

* '내 대학 시절에'라는 뜻으로 Back in my college days, ~ 도 가능하지만 Back in college를 더 많이 씁니다.

초등학교 시절에 ~
Back in elementary school, ~

고등학교 시절에 나는 아웃사이더였어.
Back in high school, I was an outsider.

outsider (사회나 집단의 일부로 받아들여지지 않는) 국외자, 아웃사이더

고등학교 시절에 난 인기 있었어.
Back in high school, I was popular.

popular 인기 있는

고등학교 시절에 난 찌질이였어.

Back in **high school, I was a loser.**

loser 실패자, 패배자

고등학교 시절에 난 정말 공부 잘하는 학생이었어.

Back in **high school, I was a really good student.**

Avoid Back in college, I studied well. 이 표현은 우리가 흔히 말하는 공부를 잘했고 성적이 잘 나왔다는 말이 아니라 앉아서 공부하기로 마음 먹었을 때 집중이 잘 됐다는 뜻이에요. '나는 공부 잘했어.'를 직역해서 I studied well.이라고 쓴다고 똑같은 뜻이 되는 것이 아닙니다. 그럴 때는 I was a good student.라고 해야 합니다.

고등학교 시절에 나는 불량 학생이었어.

Back in **high school, I was a bad student.**

+ Plus

우리 딸은 늘 공부 잘하는 애였어요.

My daughter has always been a good student.

옛날에 나는 꽤 운동 잘하는 편이었지.

Back in **the old days, I was quite the athlete.**

athlete 운동 선수

대학교 신입생 때 나는 거의 매일 파티하곤 했었다.

Back in **freshman year, I used to party almost every day.**

party 파티, 파티를 하다

예전에 잘나갈 때 나는 매우 인기가 좋았다.

Back in **my heyday, I used to be very popular.**

heyday 전성기, 한창때

12편 '시간을 내다'를 영어로!

1 Make time for someone ~를 위해 시간을 내다

너를 위해 시간을 냈어.
I made (the) time for you.

내일 오후에 너를 위해 시간을 낼 수 있을 것 같아.
I think I can make time for you tomorrow afternoon.

* 이 표현은 힘들지만 시간을 내 보겠다는 어감을 나타내요.

아침에 너를 위해 시간을 낼 수 있을 것 같아.
I think I can make time for you in the morning.

in the morning 아침에(= in the a.m.)

내일 저녁에 너를 위해 시간을 좀 낼 수 있을 것 같아.
I think I can make a little time for you in the evening tomorrow.

a little 약간의 | in the evening 저녁에

나는 항상 내 여자 친구를 위해 시간을 낸다.
I always make time for my girlfriend.

2 Open up (갑자기) 시간 나다

저녁에/오후에/아침에 시간이 났어.
My evening/afternoon/morning opened up.

내일 내 스케줄이 (완전히) 비었어.

My schedule (completely) opened up tomorrow.

schedule (작업) 일정, 스케줄 | completely 완전히, 전적으로

누군가 약속을 취소했어.(그래서 갑자기 시간이 났어.)

Someone canceled on me.

cancel on ~와 약속을 취소하다

내일 아침에 시간이 비어서 너를 위해 시간을 낼 수 있을 것 같아.

My morning opened up tomorrow, so I think I can make time for you.

---

3 Leave ~ open ~을 비워 놓다

너를 위해서 오후 시간을 비워 놓았어.

I left my afternoon open for you.

left leave의 과거형(어떤 상태 등에 있게 만들다)

너를 위해서 오후 시간을 비워 놓았어.

I kept my afternoon open for you.

kept keep의 과거형(특정한 상태를 유지하게 하다)

너를 위해서 오후 시간을 비워 놓았어.

I kept my afternoon free for you.

free 다른 계획, 약속이 없는

13편 '계기'를 영어로!

+ Introduction

마이클이 방송하면서 같은 옷을 입게 되어 창피하다고 말합니다.

the same ~ as ...
…과 같은 ~

I'm wearing the same clothes as yesterday.
제가 어제와 같은 옷을 입고 있습니다.

look past that/it
지난 일로 넘기다(한 번 봐주다)

I hope you can look past that.
한 번 봐주셨으면 좋겠어요.

1
Motivation 동기 / Opportunity, Chance (좋은) 기회, 계기

영어 공부를 시작하게 된 동기가 무엇입니까?
What was your motivation to begin studying English?

2
What brought you to Korea in the first place? 처음 한국에 온 계기가 무엇입니까?

처음 한국에 온 계기가 무엇입니까?
What brought you to Korea in the first place?

* Why are you in Korea? / Why are you here? (X) 당신은 왜 한국에 있습니까? / 당신은 왜 여기에 있습니까?
  이 문장들은 억양에 주의하지 않으면 무뚝뚝하고 무례한 표현이 될 수 있습니다. 여기 온 것에 대해 부정적인 감정을 나타내는
  것으로 상대방이 느낄 수 있으므로 주의해야 합니다.

  in the first place 처음에, 애초부터, 우선

처음에 어떤 계기로 한국어에 관심이 생겼어요?

What got you interested in Korean in the first place?

* got 대신에 made를 쓸 수도 있어요.

두 사람은 처음에 어떤 계기로 만나게 됐어요?

How did you two meet in the first place?

* We're college friends/buddies. 우리는 대학 친구예요.
We're old friends. 우리는 오랜 친구예요.
위의 질문에 대해 이런 식으로 대답할 수 있어요.

우리는 애초부터 이것에 좀 더 강력하게 반대했었어야 합니다.

We should've been more aggressively opposed to this in the first place.

* in the first place '애초부터'라는 뜻으로도 쓰입니다.

should've been(=should have been) ~했었어야 한다
aggressively 공격적으로
be opposed to ~에 반대하다

우리는 애초부터 이것을 막기 위해 좀 더 노력했었어야 합니다.

We should've done more to stop this in the first place.

+ Plus

나는 외국인과 영어로 이야기할 기회가 없었다.

I've never had the opportunity to talk to a foreigner in English.

이번 기회를 통해 당신이 해 준 모든 것에 대해 감사드리고자 합니다.

Let me take this opportunity to thank you for all you've done.

나는 그녀에게 내 감정을 표현할 기회가 없었다.

I never had the chance to tell her how I felt.

14편 '즉석에서'를 영어로!

+ Introduction

마이클이 단독주택 단지에서 촬영을 하면서 단독주택 관련된 표현을 설명하고 있습니다.

single-family homes 단독주택

---

neighborhood 근처, 인근

---

suburb 교외(도심지를 벗어난 주택 지역)

---

subdivision 단지

---

1 On the spot (별 준비 없이) 즉석에서

저는 즉석에서 강의를 하고 있어요.
I'm doing a lecture on the spot.

그는 즉석에서 강연을 했습니다.
He gave a lecture on the spot.

그는 즉석에서 연설했습니다.
He gave a speech on the spot.

speech 연설, 담화

저는 대본을 집에 두고 왔어요. 그래서 대사를 즉석에서 생각해 내야만 했어요.

I left my script at home, so I just had to come up with lines on the spot.

had to ~해야만 했다
come up with ~을 생각해 내다
line (연극이나 영화의) 대사

---

2 Improvise 즉흥 연주하다(예술계에서 많이 씀)

그는 즉흥적으로 놀라운 피아노 독주를 했다.

He improvised an amazing piano solo.

* comedy troupe 코미디 극단 | improve troupe 즉흥 연극 극단
  improvisation 즉흥, 즉흥적으로 만든 것, 즉흥곡

---

3 Wing it 즉석에서 해내다

저는 (새로운 대사를) 그냥 즉석에서 했어요.

I just winged it.

저는 연설할 자료를 집에 두고 왔어요. 그래서 즉석에서 해야만 했어요.

I left my speech at home, so I just had to wing it.

+ Introduction

마이클이 실내에서 촬영하면서 실내 촬영에 대한 표현을 설명합니다.

shoot
촬영하다

shoot film/pictures/video
영화를/사진을/동영상을 촬영하다

We're shooting indoors today.
오늘은 실내에서 촬영하고 있습니다.

indoors 실내에서, 실내로

shot
사진

It was a good/excellent shot.
그것은 멋진 사진이었어.

1 Took ~ off ~을 쉬었다

저는 (대학을) 두 학기 쉬었어요.
I took two semesters off (from college).

took ~ off ~을 쉬었다(took는 take의 과거형)
semester 학기

저는 (대학을) 일 년 쉬었어요.
I took a full year off (from college).

full year 만 1년

2 Leave of absence 휴학, 휴직

저는 휴학하고 한국어 공부를 하기 위해 한국에 왔습니다.
I took a leave of absence and moved to Korea to pursue my studies of the Korean language.

leave (명사) 휴가, 허가 (동사) 두고 가다, 떠나다
I left him behind. 저는 그를 두고 갔습니다.
I left my bag at the store. 저는 가방을 가게에 두고 왔습니다.
I left for America. 저는 미국으로 떠났습니다.

absence 결석, 결근
pursue 추구하다, 해나가다

나는 일년 동안 대학을 휴학했다.
I took a leave of absence from college for one year.

* I took a one-year leave of absence from college.도 위 문장과 같은 표현이에요. 기간을 나타내는 표현이 문장의 뒤나 중간에 모두 올 수 있습니다.

그는 직장을 휴직했습니다.
He took a leave of absence from work.

* leave of absence는 학교에서만 쓰는 표현이 아니라 직장에서 휴직했다고 할 때도 쓸 수 있습니다.

그는 최근에 직장에 모습을 보이지 않고 있습니다.
He hasn't been showing up at work these days.

* '나타나다'라는 뜻의 show up을 써서 표현할 수도 있어요.

그는 최근에 직장에 오지 않습니다.
He's not coming into work these days.

그는 휴직 중입니다.
He's on a leave of absence.

* 전치사 on을 써서 말할 수 있어요.

그는 휴직 중입니다.

He's on leave.

* He's on vacation. 그는 휴가 중입니다.(정해진 특정 기간에 누구나 가는 휴가를 말해요.)

그는 지금 군대에 있습니다. 하지만 주말 동안 휴가라 외출 중입니다.

He's in the army right now. But he's out on leave for the weekend.

army 군대

+ Plus

A: 너 휴학할 거라고 들었는데. 뭐 할 거야?

I heard you're taking a leave of absence. What are you going to do?

B: 영어 공부하러 해외 가려고.

I'm going abroad to study English.

abroad 해외에, 해외로

A: 완전 부럽다! 나도 항상 그렇게 하고 싶었는데. 어디로 가?

I'm so jealous! I've always wanted to do that. Where are you going?

jealous 질투하는, 선망하는

B: 호주로 갔으면 하고 있어.

I'm hoping to go to Australia.

+ Introduction

마이클이 너무 바빠서 수업하고 업로드하는 게 어렵지만 최선을 다하겠다고 말합니다.

try one's best
최선을 다하다

I'll try my best!
최선을 다하겠습니다!

 Get 사다, ~해지다, 얻다

저는 새 차를 샀어요.
I got a new car.

저는 뚱뚱해졌어요.
I got fat.

저 화났어요.
I got angry.

저는 직장을 얻었어요.
I got a job.

1   I get that a lot. 그런 말 많이 들어요.

A: 와, 당신 토비 맥과이어 닮았어요.
Wow, you look like Tobey Maguire.

look like ~인 것처럼 보이다

B: 그런 말 많이 들어요.
I get that a lot.

A: 당신은 유럽 사람 같아요.
You look European.

B: 네, 그런 말 많이 들어요. 사실 저는 미국에서 왔어요.
Yeah, I get that a lot. Actually, I'm from America.

A: 남부 악센트가 있네요.
You have a southern accent.

southern 남부의, 남쪽의
accent 억양, 악센트

B: 네, 그런 말 많이 들어요. 사실 저는 콜로라도(미국 서부) 출신입니다.
Yeah, I get that a lot. Actually, I'm from Colorado.

* 이 표현은 상대방의 말이 맞을 때도 쓰고, 틀릴 때도 씁니다.

17편 '전화가 엇갈리다'를 영어로!

1 Play phone tag 전화가 엇갈리다, 전화 연락이 안 되다

(술래가 손을 치면서) 잡았다! 네가 술래야. 이제 네 차례야.
Tag! You're it. Now it's your turn.

tag 술래잡기 놀이, (술래가) ~을 잡다
turn 차례

우리는 하루 종일 전화가 엇갈리고 있어요.
We've been playing phone tag all day long.

* '술래잡기 놀이'라는 뜻의 tag을 써서 전화가 엇갈리고 서로 연락이 되지 않는 경우를 비유적으로 이렇게 표현합니다.

우리는 일주일 내내/몇 주간 전화가 엇갈리고 있어요.
We've been playing phone tag all week/for weeks.

A: 존이랑 연락 됐어요?
Were you able to get in touch with John?

be able to ~할 수 있다
get in touch 연락하고 지내다

B: 우리는 하루 종일 연락이 엇갈리고 있어요. 하지만 아직도 그와 전화 연락이 안 되네요.
We've been playing phone tag all day long. But I still haven't been able to get him on the phone. / But we still haven't gotten in touch.

* We are in touch. 우리는 연락하고 지내요.
  We are not in touch. / We are out of touch. 우리 연락하지 않고 있어요.

18편

'우유부단하다'를 영어로!

+ Introduction

마이클이 북한산이 잘 보이는 산책로(path)에서 촬영하면서 멋진 광경을 시청자들에게 보여주고 싶었다고 얘기합니다.

scenery
멋진 경치, 풍경

I wanted to show you this beautiful scenery/landscape.
여러분에게 이 아름다운 경치를/풍경을 보여주고 싶었습니다.

landscape 풍경

Check out the beautiful scenery!
아름다운 경치를 한번 보세요!

---

spot
(특정한) 곳, 장소

That's why I chose this spot today.
그게 바로 제가 오늘 이 장소를 고른 이유입니다.

---

1 Indecisive 우유부단한

그는 매우 우유부단해.
He's very indecisive.

저 사람은 자기가 하는 모든 일에 대해 우유부단해.
That guy is indecisive about everything he does.

저 사람은 정말 우유부단해. 그는 결정을 하지 못해서 항상 친구들에게 조언을 구해.

**That guy is so indecisive. He can never make decisions,
so he always asks his friends for input.**

make decisions 결정하다
ask ~ for ~에게 부탁하다, 요청하다
input 조언

2 Change one's mind 마음을 바꾸다

그는 항상 마음을 바꿔요.
He always changes his mind.

* He's always changing his mind.라고도 할 수 있어요.

마지막 순간에 그는 항상 마음을 바꿉니다.
At the last moment, he always changes his mind.

at the last moment 마지막 순간에, 막판에

3 Vacillate 흔들리다, 자꾸 바뀌다

그는 두 명의 후보들 사이에서 흔들렸어요.
He vacillated between the two candidates.

candidate (선거의) 입후보자, 출마자

그는 두 명의 대통령 후보들 사이에서 계속 흔들렸어요.
He kept vacillating between the two presidential candidates.

keep ~ing 계속해서 ~하다
presidential 대통령의, 대통령 선거의

4 Wishy-washy 확고하지 못한

그는 매우 우유부단해요.
He's very wishy-washy**.**

비평가들은 그가 중요한 사안에 대해 우유부단했다고 주장합니다.
His critics contend that he has been wishy-washy **on important issues.**

critic 비평가, 평론가
contend 주장하다
issue 중요한 주제, 사안

5 Flip-flop 태도를 갑자기 바꾸다

그는 그 사안에 대해 태도를 갑자기 바꿨다.
He flip-flopped **on the issue.**

+ Plus

그는 절대로 결정을 못 내리는 사람이에요.
He can never make up his mind**.**

make up one's mind 결정을 내리다

그는 너무 우유부단하다고 비판을 받았다.
He was criticized for being too wishy-washy**.**

criticize 비판하다

19편 '상기시키다'를 영어로!

1 Remind me to ~ 나에게 ~하라고 상기시키다

이따 우유 사라고 말해 주세요.
Remind me to buy milk later.

* '상기시키다, 다시 한 번 말해 주다'라고 할 때 remind를 써서 말해요. Remind me to ~/Remind me that ~의 형태로 쓸 수 있습니다.

이따 쓰레기 내놓으라고 말해 주세요.
Remind me to take out the trash later.

take out 밖으로 내놓다
trash 쓰레기

이따 애들한테 숙제하라고 말해야 된다는 걸 나한테 얘기해 주세요.
Remind me to tell the kids to do their homework later.

homework 숙제

애들에게 숙제하라고 얘기했어요?
Did you remind the kids to do their homework?

이따 이것을 돌려주라고 말해 줘.
Remind me to give this back to you later.

* 예를 들어 내가 친구에게 휴대폰을 빌렸을 때(I borrowed my friend's cell phone.) 이렇게 말할 수 있어요.
give ~ back (주인에게) ~을 돌려주다

이따 너에게 전화를 돌려주라고 말해 줘.
Remind me to give you back your phone later.

이따 돈을 갚으라고 말해 줘.
Remind me to pay you back later.

pay ~ back (빌린 돈을) 갚다

2   This reminds me of ~ 이것이 나에게 ~을 상기시키다

이곳에 오니 옛날 생각이 납니다.
This reminds me of the old days.

이곳에 오니 서예를 배웠던 때가 생각이 납니다.
This reminds me of when I used to study calligraphy here.

used to (과거 한 때) ~했었다, ~이었다
calligraphy 서예

+ Plus

이따 저에게 공부하라고 말해 주세요.
Remind me to study later.

이따 아빠에게 전화하라고 저에게 말해 주세요.
Remind me to call Dad later.

그녀는 내가 대학교 때 데이트했던 여자애를 떠올리게 한다.
She reminds me of a girl I dated in college.

date ~와 데이트를 하다

다시 말해 줘. 걔 이름이 뭐였지?
Remind me, what's his name again?

+ Introduction

마이클이 춘천에서 촬영하면서 추천해 주고 싶은 여정이라고 설명해 주고 있습니다.

itinerary 일정, 여정

---

1   Have ~ in common ~을 공통적으로 지니다

우리는 공통점이 많아요. 그래서 빨리 친해졌어요. / 그래서 빨리 가까운 친구가 됐어요.
We have **a lot** in common, **so we grew close quickly. / so we became close friends quickly.**

close 가까운, 친밀한
quickly 빨리

우리는 공통점이 정말 많아요.
We have **so many things** in common.

우리는 그들의 문체에서 확실한 공통점을 확인했습니다/발견했습니다.
We've ascertained/We've discovered certain commonalities **in their writing styles.**

* 공통점이 있다고 말할 때 명사 commonality를 써서 말하기도 하는데 이것은 전문적인 말이고 평상시에는 have ~ in common을 더 많이 씁니다.

ascertain 알아내다, 확인하다
discover 발견하다
certain 확실한, 틀림없는
commonality 공통성, 공통점

우리는 공통점이 하나도 없어요.

We have nothing in common.

nothing (아무것도, 단 하나도) ~ 아니다, 없다

우리는 공통점이 전혀 없는 것을 알게 됐고 헤어졌습니다.

We found out we had nothing in common and broke up.

find out 알게 되다, 발견하다
break up 헤어지다, 관계를 끊다

나는 여자 친구와 공통점이 많아. 그래서 우리는 잘 사귀고 있어.

I have a lot in common with my girlfriend. So things are going well with us. / So things are going great between us.

그들은 공통점이 많을 거야. / 그들은 공통점이 많을 거 같아.

They'll have so much in common. / I think they'll have a lot in common.

* 우리가 함께 알고 있는 친구와 누군가를 소개팅 시켜 주려고 할 때(We have a mutual friend. We want to set them up on a blind date.) 이렇게 말할 수 있어요.

+ Plus

A: 네가 만나 봤으면 하는 사람이 있어. 내 생각에 너네 둘은 공통점이 많을 거야.

There's someone I'd like you to meet. I think you two would have a lot in common.

B: 좋아. 다음에 만날 때 그녀를 초대해.

Cool. Invite her next time we hang out.

invite 초대하다

21편 '정신 차려'를 영어로!

+ Introduction

마이클이 남이섬에서 촬영하면서 예전에 첫 번째 여행지로 이곳에 왔었으며 이후로 이곳이 많이 개발되었다고 말하고 있습니다.

develop   The area has developed a lot in the following years.

개발하다, 발달하다   이 지역은 그 후로 몇 년간 많이 개발되었습니다.

1   Snap out of it! 정신 차려!

이봐! 정신 차려!
Hey! Snap out of it!

* '정신 차려'라는 뜻으로 가장 많이 쓰는 표현으로 예를 들어 옆에 있는 친구가 졸고 있을 때(dozing off) 이렇게 말할 수 있어요.
   snap 딱 소리 내다, 딱 소리 내기

2   Dream on! (가능성 없으니까) 꿈 깨!

꿈 깨! 그런 일은 절대로 일어나지 않아.
Dream on! That's never gonna happen.

* Dream on!은 상대방의 생각에 현실성이 없을 때 반어적으로 표현하는 말이에요.
   happen 일어나다

3   Wake up (and smell the coffee)! 정신 차려!

정신 차려!
Wake up!

* Wake up!은 '일어나!', '잠 깨!'라는 뜻 외에 '정신 차려!'라는 의미도 있습니다.

정신 차려! 그녀는 너에게 관심이 없어.
Wake up and smell the coffee! She's just not that into you, man.

be that into you 너에게 반하다, 관심이 있다

4   Pull yourself together! 정신 차려!

헛소리 그만하고 정신 차려, 친구!
Stop talking nonsense and pull yourself together, man!

talk nonsense 허튼소리 하다, 실없는 소리 하다

+ Plus

A: 너 아직도 팝 가수가 되는 걸 꿈꾸고 있니?
Are you still dreaming about being a pop singer?
dream about ~을 꿈꾸다

B: 응, 그래. 아직까지 희망을 가지고 있지. 나 알잖아.
Yeah, man, still holding out hope. You know me.
hope 희망, 기대

B: 너 그러기에는 나이를 좀 먹지 않았니? 정신 차리고 커피향을 맡을 때야.
Aren't you getting a little old for that? It's time to wake up and smell the coffee.

22편 '~까지'를 영어로!(Until vs. By)

+ Introduction

마이클이 전주 한옥 마을에서 촬영하면서 노을이 질 때 가장 아름답다고 얘기하고 있습니다.

sunset

해 질 녘, 일몰

The scenery is especially beautiful at sunset!

해 질 녘 풍경이 특히 예뻐요!

1   Until ~까지(현재 하고 있는 행위가 이어지는 경우)

저는 여섯 시까지 촬영할 예정입니다.

I'll be filming until six o'clock.

* until은 '~까지'라는 뜻인데 현재 하고 있는 행동이나 행위가 계속해서 이어지는 경우에 쓸 수 있습니다.

저는 내일까지 여기에 있을 예정입니다.

I'll be here until tomorrow.

저는 다음 달까지 한국에 있을 예정입니다.

I'll be in Korea until next month.

2   By ~까지(상황이 달라지는 경우)

저는 내일까지 서울에 돌아갈 예정입니다.

I'll be back in Seoul by tomorrow.

* 마이클샘이 현재 전주에 있지만 내일까지는 서울로 돌아간다고 했습니다. 이처럼 by는 '~까지'라는 뜻을 나타내는데 상황이 달라지는 경우에 쓸 수 있습니다.

저는 여섯 시까지 촬영을 끝낼 것입니다.
I'll be finished filming by 6 PM.

* 문장에 finish가 들어가는 경우는 보통 by를 씁니다.
  finish 끝내다, 마치다

나 지금 가고 있어. 여섯 시까지 갈게.
I'm on the way. I'll be there by 6.

on the way 가는 중인

나는 네가 이것을 내일까지 끝내줬으면 해.
I need you to finish this by tomorrow.

* You can work on this until tomorrow. 이것을 내일까지 작업해도 됩니다.
  위의 문장은 현재 하고 있는 일을 내일까지 끝내는 것이므로(상황이 달라지는 경우) by를 썼지만 아래의 경우 지금 하고 있는
  일을 내일까지 계속해서 하는 것이므로 until을 썼습니다. 비교해서 기억해 주세요.

  I need you to 네가 ~을 해 줘야겠어, ~ 해 주세요

+ Plus

너 떠날 때까지 며칠 남은 거야?
How many days are left until you leave?

leave 남아 있다, 떠나다

이거 언제까지 필요하세요?(언제까지 해 드려야 할까요?)
When do you need this by?

Heyday 한창 잘나갈 때, 전성기

내가 한창 잘나갈 때 사람들은 항상 사인을 받으려고 나를 멈춰 세웠어.

Back in my heyday, people used to stop me for autographs all the time.

autograph (유명인의) 사인
all the time 항상, 늘

내가 한창 잘나갈 때 나는 농구를 정말 잘해서 사람들이 내가 NBA에 있다고 생각했어.

Back in my heyday, I was so good at basketball that people thought I was in the NBA.

그의 전성기 시절에 팬들은 항상 길에서 그를 알아봤어.

In his heyday, fans used to recognize him on the street all the time.

recognize 알아보다, 인식하다
People used to always recognize me. 사람들은 항상 나를 알아봤었다.

내가 한창 잘나갈 때 나는 우리 반에서 1등이었다.

Back in my heyday, I was the best in my class.

내가 한창 잘나갈 때 나는 우리 학교에서 1등이었다.

Back in my heyday, I was number one in our school.

---

2 At the height of ~이 절정일 때, 한창일 때

그의/그녀의 권력이 가장 강했을 때 ~
At the height of his/her powers, ~

그의 권력이 가장 강했을 때 그는 30개 이상의 회사를 소유했다.
At the height of his powers, he owned more than 30 companies.

own 소유하다
company 회사

그가/그녀가 가장 영향력이 있었을 때 ~
At the height of his/her influence, ~

그의 영향력이 가장 강했을 때 그는 정계의 실력자로 알려졌었다.
At the height of his influence, he was known as a kingmaker.

be known as ~로 알려져 있다
kingmaker 정계의 실력자

3 At his/her peak 그가/그녀가 한창 전성기일 때

한창 전성기일 때 그는 축구 경기장을 매진시킬 수 있었다.
At his peak, he could sell out football stadiums.

sell out ~을 다 팔다, 다 팔리다
stadium 경기장, 스타디움

그들이 한창 전성기일 때 퀸은 전 세계적으로 스포츠 경기장을 매진시켰다.
At their peak, Queen was selling out sports arenas worldwide.

arena (원형) 경기장, 공연장
worldwide 전 세계적인

24편 '재미있겠네'를 영어로!

+ Introduction

마이클이 양수리에서 촬영을 하고 있습니다. 양수리의 위치와 이름에 대해 설명하고 있습니다.

confluence
(두 강의) 합류 지점

The town is located at the confluence of the north and south Han Rivers.

이 마을은 북한강과 남한강의 합류 지점에 위치하고 있습니다.

be located at ~에 위치해 있다

---

destination
목적지

It's the perfect day-trip destination.

이곳은 완벽한 당일 여행지입니다.

day-trip 당일 여행

---

1 (It) Sounds like fun! 재미있겠네!

A: 오늘 양수리로 지하철 타고 당일 여행 갈까요?

How about we take a subway excursion to Yangsuri today?

excursion (짧은) 여행

B: 재미있겠네요!

(It) Sounds like fun!

* It looks expensive!는 '비싸 보여요!'라는 뜻의 표현인데 이것처럼 It sounds ~ 하면 '~하게 들리다'라는 의미예요. 비유적으로 '~일 것 같다'의 표현으로 사용합니다.

A: 오늘 밤에 시내에 가서 영화 볼까요?

How about catching a movie downtown tonight?

catch a movie 영화를 보다
downtown 시내에서, 도심지에서

B: 재미있겠네요!

(It) Sounds like fun!

2   (It) Sounds like a plan! 좋아 / 좋은 생각이야!

좋아 / 좋은 생각이야!

(It) Sounds like a plan!

A: 오늘 일 끝나고 맥주 한잔하자.

Let's grab a beer after work today.

grab a beer 맥주 한잔하다

B: 좋은 생각 같네요!

Sounds like a plan!

3   (It) Sounds like you had a good time! 좋은 시간 보냈나 봐요!

좋은 시간 보냈나 봐요!

(It) Sounds like you had a good time!

재미있는 시간 보냈나 봐요!

(It) Sounds like you had a lot of fun!

A: 우리는 멋진 저녁을 먹고 나서 영화 보러 갔어.

We had a nice dinner and then we went to a movie.

go to a movie 영화 보러 가다

B: 멋지네. 너희들 좋은 시간 보낸 것 같네.

Cool. Sounds like you guys had a good time.

+ Plus

A: 그녀에게서 며칠 동안 연락을 받지 못했어.

I haven't heard from her in days.

hear (소문 등을) 듣다

B: 그녀는 헤어지려고 하나 봐?

Sounds like she wants to break up, huh?

break up 헤어지다

A: 응, 내 생각에 이번에는 내가 진짜로 망친 것 같아.

Yeah, I think I really blew it this time.

blow (기회를) 날리다, 실수하다(blow-blew-blown)

B: 글쎄, 너네들 몇 년간 사귀었다가 헤어졌다가 했잖아. 아마도 다 잘된 일일지도 몰라.

Well, you guys have been on and off for years. Maybe it's all for the best.

on and off ~하다가 말다가, 때때로

25편

'괜찮은 사람, 나쁜 사람, 흥을 깨는 사람'을 영어로!

+ Introduction

마이클이 미국 Orange County, Dana Point를 소개하면서 자신이 어릴 때 살았던 곳을 설명하고 있습니다.

takeoff
이륙

Prepare for takeoff.
이륙 준비를 해.

---

make good time
빨리 가다

We made good time!
빨리 도착했어요!

---

peninsula
반도

It's a peninsula.
그것은 반도예요.

---

foggy
안개가 낀

It was perpetually foggy.
끊임없이 안개가 꼈어요.   perpetually 끊임없이, 내내

Sportsman 스포츠맨 / Sportsmanship 스포츠맨 정신

그는 훌륭한 선수야.
He's a good sportsman.

* 경기에 졌음에도 의연하게 상대편의 승리를 축하해 주는 선수에게 이렇게 말할 수 있어요.

그는 수준 높은 스포츠맨 정신을 보였습니다.
He exhibited a high level of sportsmanship.

exhibit 보이다, 드러내다

스포츠맨다운 행동
Sportsmanlike conduct

conduct 행동

그는 스포츠맨답지 않은 행동으로 게임에서 퇴장당했다.
He was kicked out of the game for unsportsmanlike conduct.

kick out 쫓아내다

---

1   Good sport 괜찮은 사람

그는 괜찮은 사람이야.
He's a good sport.

* 하기 싫은 일을 부탁했는데 잘 해 줄 때, 친구가 심한 장난을 해도 잘 받아 줄 때 good sport라는 말을 씁니다.

그것에 대해서 좋게 받아들여 줘서 고마워요!
Thanks for being such a good sport about it!

PLUS bite(bit) the bullet는 '이를 악물고 하다(했다)'라는 뜻입니다.

존이 좀 전에 그를 놀려 댔어요. 다행히도 그는 그걸 잘 받아들였어요.
John was teasing him earlier. Luckily, he was a good sport about it.

tease 놀리다, 장난하다 | luckily 다행히도

---

2 Bad sport 나쁜 사람

그는 그것에 대해서 나쁘게(너무 예민하게) 받아들였어.
He was a bad sport about it.

* 조금만 놀렸는데도 화를 많이 내는 사람을 이렇게 표현해요.

우리는 단지 농담하고 있었어요. 그러나 그가 너무 심각하게 받아들였어요. 그는 너무 예민하게 받아들였어요.
We were just kidding around. But he took it too seriously. He's a bad sport.

kid around ~를 놀리다, 농담하다
seriously 심각하게

3 Spoilsport 흥을 깨는 사람(고춧가루 뿌리는 사람)

흥을 깨는 사람, 좋은 분위기 죽이는 사람
Spoilsport/Buzzkill

spoil 상하다
The food is spoiled. 음식이 상했어요.

그는 정말 분위기 깨는 사람이야.
He's such a spoilsport.

저 사람은 정말 분위기 깨는 사람이야!
That guy is such a spoilsport!

에이, 그렇게 흥 좀 깨지 마!
Aw, don't be such a spoilsport!

26편 '욕하다'를 영어로!

1 Cuss (동)욕하다

나한테 욕하지 마!
Don't cuss at me!

나한테 왜 욕하는 거예요?
Why are you cussing at me?

욕하지 마!
Stop cussing!

네가 그렇게 욕할 때마다 난 싫어.
I hate it when you cuss like that.

저는 욕하는 사람들 싫어요.
I hate people who cuss.

저는 아이들 앞에서 욕하는 사람들 싫어요.
I hate people who cuss in front of kids.

in front of ~ 앞에서

그건 욕이야!
That's a cuss word!

Avoid That's a cuss. (X)

* cuss words 안 좋은 말들
  cuss는 보통 동사로 많이 사용하지만 이렇게 word와 함께 명사형으로 쓸 수도 있습니다.

교실에서 안 좋은 말들(비속어) 사용하지 마세요!
No cussing **in class!**

---

2   Curse (동)욕하다 (명)욕, 욕설

Curse **words** 악담, 욕설   * curse는 cuss와 뜻은 같지만 좀 더 수준이 높은 말이에요.

나에게 욕하지 마세요!
Don't curse **at me!**

그건 욕이야!
That's a curse **word!**

욕하지 마세요!
Stop cursing**!**

---

3   Swear 욕을 하다

Swear **words** 욕, 욕설

욕하지 마세요!
Stop swearing**!**

그건 욕이야!
That's a swear **word!**

가사에 비속어가 포함되어 있습니다.
The lyrics contain swear words.

lyrics 노랫말, 가사 | contain ~이 들어 있다

---

4 | Profanity 욕설

* 로마 시대에 엄숙해야 하는 신전 안에서 거친 말이나 행동은 금기되었으므로 세속적인 말을 '신전 앞의 말'이라고 부르기 시작했고 거기에서 비롯된 단어입니다. profanus(신전 앞)라는 라틴어에서 왔습니다. 공식적으로 표현할 때 사용합니다.

이 앨범은 욕설을 포함하고 있습니다.
This album contains profanity.

이 비디오는 욕설을 포함하고 있습니다.
This video contains profanity.

---

5 | Explicit 외설적인, 노골적인 성묘사의

* 공식적으로 표현할 때 사용하는 말입니다.

Explicit language 저속한 말 / **Explicit lyrics** 선정적인 가사

* 가사에 대해서 이 단어를 쓰면 야한 이야기를 너무 노골적으로 한다는 의미입니다.

우리 부모님은 내가 선정적인 가사가 담긴 음악을 듣게 하시지 않을 거야.
My parents won't let me listen to music with explicit lyrics.

저속한 콘텐츠가 담긴 앨범을 사기 위해서는 적어도 18세 이상이 되어야 한다.

You have to be at least 18 years old to buy albums with explicit content.

at least 적어도, 최소한

+ Plus

A: 존한테 무슨 일 있어? 걔 본지가 좀 된 것 같은데.

What happened to John? I haven't see him around for a while.

B: 걔 수업 중에 욕설한 걸로 정학당했어.

He got suspended for using profanity in class.

suspend 정학시키다

A: 네가 내 욕을 하고 돌아다닌다고 들었어! 너 뭐가 문제야?

I heard you were talking trash about me! What's with that, man?

talk trash 모욕적인 말을 하다, 도발적인 말을 하다

B: 우리는 형제 같은 사이야. 내가 너한테 절대 그럴 리 없다는 거 알잖아.

We're bros. You know I would never do that to you.

bro 형제, 친구

27편 '까먹었다'를 영어로!

1 I forgot. 잊어버렸다.

잊어버렸다.
I forgot.

forgot forget(잊어버리다)의 과거형

~하기로 했던 것을 잊어버렸어요.
I forgot that I was supposed to ~.

be supposed to ~하기로 했다

친구 만나기로 했던 것을 잊어버렸어요.
I forgot that I was supposed to meet my friend.

2 It slipped my mind. 까먹었다.

까먹었다.
It slipped my mind.

* 해야 할 일을 까먹었을 때 가장 많이 쓰는 표현입니다.
  slip 미끄러지다, 빠져 나가다

미안해! 완전히 까먹었어.
I'm sorry! It completely slipped my mind.

* 이 표현을 쓸 때 주어는 항상 It으로 사용하는 게 일반적입니다.
Avoid The restaurant slipped my mind. (X)

3   I spaced it. 까먹었다.

까먹었다.
I spaced it (out).

space (동)멍해지다 (명)공백, 빈 자리

오늘 중요한 약속이 있었는데 완전히 까먹었어.
I had an important appointment today but I completely spaced it.

4   I'm drawing a blank. 까먹었다.

까먹었다.
I'm drawing a blank.

* 이 표현은 특히 누군가의 이름, 별명, 번호 등이 생각나지 않을 때 씁니다.

A: 그의 이름이 뭔지 기억해요?
Do you remember what his name is?

B: 아니요, 완전히 까먹었어요.
No, I'm drawing a blank.

5   It escapes me. 생각이 안 나요.

생각이 안 나요.
It escapes me.

* 약간 오래된 고급스러운 표현입니다.
  escape 달아나다, 탈출하다

그의 이름이 생각이 나지 않아요.

His name escapes me.

A: 너 어디야? 여기에 정오까지 오기로 되어 있었잖아!

Where are you? You were supposed to be here at noon!

B: 정말 미안해. 완전히 까먹었어. 거기로 15분 안에 갈게.

I'm so sorry. I completely spaced it. I'll be there in 15 minutes.

A: 당신 우리 기념일 또 잊어버렸어? 가끔씩 나는 당신이 정말 이해가 안 가.

Did you forget our anniversary again? Sometimes I just don't get you.

get 이해하다

B: 정말 미안해, 자기야. 내가 꼭 갚을게, 약속해.

I'm so sorry, sweetie. I'll make it up to you, I promise.

make it up to 보상하다
promise 약속하다

A: 이번에는 그렇게 쉽게 넘어가지 못할 거야!

You're not getting off the hook so easily this time!

get off the hook 곤경을 면하다, 처벌을 면하다
easily 쉽게, 수월하게

+ Introduction

마이클이 신촌 대로에서 촬영하면서 크리스마스 장식에 대한 이야기를 하고 있습니다.

put up
장식하다

Put up the Christmas tree
크리스마스 트리를 장식하다

We're putting up a lot of Christmas decorations.
우리는 지금 많은 크리스마스 장식을 하고 있습니다.

Are you going to put up Christmas decorations this year?
당신은 올해 크리스마스 장식을 할 건가요?

When are we going to put up the Christmas tree?
우리는 언제 크리스마스 트리를 장식할 건가요?

decorations 장식품

tree trimming
크리스마스 트리 장식하기

We're going to do the tree trimming today.
우리는 오늘 크리스마스 트리 장식을 붙일 거예요.

---

1 **This is on me.** 이건 제가 살게요.

이건 제가 살게요.
This is on me.

이건 제가 살게요.
It's on me.

이 식사는 제가 살게요.
This meal is on me.

meal 밥, 식사

음료수는 제가 살게요.
Drinks are on me.

오늘 밤에 영화는 제가 보여 줄게요.
Movies are on me **tonight**.

걱정하지 마. 이건 내가 살게.
Don't worry about it. This is on me.

오늘 밤에 저녁은 제가 살게요.
Dinner is on me **tonight**.

이번 술은 제가 살게요.
This round (of drinks) is on me.

* 영어로 '건배!', '원 샷!'은 Bottoms up!이라고 해요.
  round 한 차례 돌리는 술

| 2 | **I'll pick up the bill.** 내가 계산할게. |

제가 계산할게요.
I'll pick up the bill.

pick up 집어 올리다
bill 계산서, 청구서

제가 계산할게요.
I'll pick up the tab.

* 여기서 tab을 tap으로 쓰거나 발음하지 않도록 주의하세요.
  tab 계산서, 색인표

제가 계산할게요.
I'll pick up the check.

check 계산서, 수표

그가 계산했어요.
He picked up the bill/tab/check.

네가 지난번에 계산했잖아.
You picked up the bill **last time.**

---

3 | I'll get this. 내가 계산할게.

내가 계산할게.
I'll get this.

내가 계산할게. 네가 지난번에 냈었잖아.
Let me get this. **You paid last time.**

Let me ~ 내가 ~하게 해 줘
paid pay(물건 값 등을 지불하다, 내다)의 과거형

---

4 | Let's split the bill. 나눠서 내요.

A: 우리 나눠서 내요.
Let's split the bill.

split 나누다

B: 아니요, 이건 제가 살게요. 그렇게 했으면 해요.

No, it's on me. I insist.

insist 고집하다, 주장하다

---

5 | **It's my treat.** 제가 계산할게요.

제가 계산할게요.

It's my treat.

* treat은 명사와 동사로 모두 사용됩니다. 여기서는 명사로 쓰여 '대접', '한턱'이라는 뜻을 나타내요.

오늘 밤은 제가 계산할게요! 그렇게 했으면 해요!

Tonight is my treat! I insist!

오늘 밤은 제가 계산할게요.

I'll treat tonight.

* 여기서 쓰인 treat은 동사로 '대접하다', '한턱내다'라는 의미예요.

오늘 밤은 제가 계산할게요.

I'll be treating you tonight.

29편

'음치, 몸치, 기계치, 길치'를 영어로!

+ Introduction

마이클이 시청 앞에서 촬영을 하고 있습니다. 며칠 전에 야외 촬영하고 많이 아팠지만 연말 분위기가 너무 좋아서 몸이 아팠음에도 불구하고 다시 나와서 촬영을 하게 됐다고 합니다.

learn
배우다, ~을 알게 되다

I didn't learn my lesson.
저는 정신 차리지 못했어요.(어떤 경험이나 일로부터 교훈을 얻지 못했다는 말)

---

1   Tone deaf (형)음치인

Tone deaf 음치인

* tone 음정 + deaf 귀가 안 들리는
'톤이 높다(high tone)', '톤이 낮다(low tone)'와 같이 한국어에서도 많이 사용하는 tone을 붙여서 '음치인'을 tone deaf라고 합니다.

그는 음치예요.
He's tone deaf.

Avoid He's a tone deaf.(X)
tone 앞에 관사 a를 붙이지 않습니다.

전 완전 음치입니다.
I'm completely tone deaf.

저는 절대로 노래방에 가지 않아요. 왜냐하면 음치거든요.
I never go to noraebangs, because I'm tone deaf.

그는 심한 음치예요.
He can't carry a tune.

* carry a tune은 '정확하게 노래하다', '음정이 맞다'라는 뜻이에요. 따라서 부정의 표현을 쓰면 '노래를 못하다', '음치다'라는 표현이 됩니다.

  carry 전하다, 나르다 | tune 곡조, 선율

저는 심한 음치예요.
I can't carry a tune.

2 | I have two left feet. 저는 몸치예요.

저는 몸치예요.
I have two left feet.

당신은 내가 무도장에서 춤추는 것을 절대 볼 수 없을 겁니다. 왜냐하면 저는 몸치기 때문이에요.
You'll never catch me on the dance floor, because I have two left feet.

저는 몸치예요.(몸놀림이 무거워요.)
I'm very uncoordinated.

uncoordinated 조절 능력이 없는

저는 몸치예요.
I lack coordination.

lack 부족하다 | coordination 조정 능력

저는 몸치예요.
I have no coordination.

3   I'm bad with electronics. 저는 기계치예요.

저는 기계치예요.
I'm bad with electronics.

be bad with ~을 잘 못하다, 약하다
electronics 전자 기술, 전자 기기

전 컴맹이에요.
I'm computer illiterate.

illiterate 문맹의, (특정 분야에 대해) 잘 모르는

전 스마트폰 문맹이에요.
I'm smartphone illiterate.

4   I'm bad with directions. 전 길치예요.

전 길치예요.
I'm bad with directions.

direction 방향

전 엄청난 길치예요.
I'm terrible with directions.

terrible 형편 없는, 끔찍한

방향 감각이 없어요.
I have no sense of direction.

sense 감각

30편 '취했어요'를 영어로!

1　Drunk (형)술이 취한

Drunk (형)술이 취한 / drink의 과거분사(drink-drank-drunk)

* 예전에는 '나는 취했다.'라고 할 때 I am drunken.이라고도 말했지만 지금은 I am drunk. / He is drunk. / They are drunk.만 씁니다.

그들은 취했어요.
They're drunk.

저는 취했어요.
I'm drunk.

당신은 취했어요.
You're drunk.

당신은 어젯밤에 많이 취했어요.
You were so drunk **last night.**

2　Drunken (형)술이 취한

술 취한 호랑이 / 술 취한 선원 / 술 취한 선생님
Drunken **Tiger** / Drunken **sailor** / Drunken **teacher**

Avoid I'm drunken. / He's drunken. / They're drunken.　(X)
'술이 취한'이라는 뜻의 drunken은 반드시 명사 앞에서 사용합니다. 앞에서 배운 drunk와 비교해서 기억해 두세요.

sailor 선원, 뱃사람

---

3 | Drunk driving / Drunken driving 음주 운전

음주 운전
Drunk driving / Drunken driving

* 둘 다 사용 가능하지만 drunk driving을 더 많이 씁니다.

그는 음주 운전으로 걸렸습니다.
He got busted for drunk driving.

busted (못된 짓을 하다) 걸린

+ Plus

A: 우리 어젯밤 몇 시에 집에 갔어? 나 필름 끊겼던 것 같아.
What time did we head home last night? I think I blacked out.

head 가다, 향하다
black out 필름이 끊기다

B: 맞아, 네가 길거리에서 뻗은 다음에 우리도 정리했어.
Yeah, we all called it a night after you passed out in the street.

call it a night (그날 밤의 일을) 끝내다
pass out 의식을 잃다

A: 미안해. 나 그렇게 취한 건 진짜 오랜만이었어.
Sorry, man. I haven't been that drunk **in a long time.**

◆ Payoff (명)뇌물(=bribe) (동)Pay ~ off ~를 매수하다

그는 뇌물을 받았다.
He took a payoff.

제가 그를 매수했어요.
I paid him off.

그는 매수됐어요.
He was paid off.

1 Pay off ~한 보람이 있다, 성공적이다

〈영어 공부를 열심히 한 친구가 미국에 가서 자신 있게 음식을 주문하는 상황을 설명하고 있어요.〉
A: 저희 양파 들어간 치즈버거로 할게요. 피클은 빼 주세요. 그리고 그거 포장해 갈게요.
We'll go ahead and take the cheeseburger with onions and hold pickles. And we'll take that to go.

hold (명령문 형태로) 중단하라, ~을 하지 마라 | take ~ to go ~을 포장해서 가지고 가다

B: 와! 그 영어 수업 열심히 다닌 게 정말 보람이 있네!
Wow! Those English classes really paid off!

* 수업을 열심히 들어서 보람을 느꼈을 때 사용할 수 있는 표현이에요.

〈친구가 TOEFL시험 준비를 열심히 해서 시험을 봤는데 좋은 성적을 낸 상황을 이야기합니다.〉

A: 나 토플 만점 받았어!

I aced the TOEFL! / I got a perfect score on the TOEFL!

ace 시험에서 만점을 받다
perfect score 만점

B: 와, 그 토플 수업 열심히 들은 게 정말 보람 있구나!

Wow, that TOEFL class really paid off!

A: 나 수학 시험에서 만점 받았어!

I aced the math test!

B: 축하해! 그동안 개인 교습 받은 게 정말 보람이 있는 것 같아!

Congrats! I guess those tutoring sessions really paid off!

* I guess ~ really paid off! ~한 보람이 정말 있는 것 같아!
  Congrats(Congratulations) 축하해 | tutoring session 개인 교습

〈즉석에서 그녀가 아름다운 재즈곡을 연주했습니다.〉
On the spot, she improvised the beautiful jazz solo.

피아노 수업 열심히 한 보람이 정말 있구나!

Those piano lessons really paid off!

1 Bump into someone ~와 우연히 마주치다

어제 홍대 근처를 걸어가고 있을 때 우연히 친구와 마주쳤습니다.
Yesterday, I was walking over by Hongdae and I bumped into a friend.

저는 실수로 그와 부딪쳐서 미안하다고 말했습니다.
I accidentally bumped into him, so I said I was sorry.

* 모르는 사람과 부딪쳤을 경우에도 이 표현을 사용합니다.
  accidentally 실수로

오늘 연세대학교 앞에서/연세대학교 정문 앞에서 우연히 친구를 만났습니다.
I bumped into a friend today in front of Yonsei / the Yonsei main entrance.

in front of ~ 앞에서
main entrance 정문, 중앙 출입구

2 Run into someone ~와 우연히 마주치다

저는 한 남자와 부딪쳤어요.
A guy ran into me.

오늘 시내에서 우연히 친구와 마주쳤습니다.
I ran into a friend today downtown.

* run into는 '교통사고가 나다', '~와 부딪치다'라는 의미도 됩니다.
  The truck ran into the car. 그 트럭은 자동차와 충돌했다.

33편

'MT, 회식'을 영어로!

+ Introduction

마이클이 기차를 타고 여행을 가는 중에 촬영하고 있습니다.

day trip
당일 여행

Time for a day trip!
여행 갈 시간!

---

onboard
탑승한, 승선한

Onboard the ITX!
ITX 탑승!

---

almost
거의

(I'm) Almost there!
목적지에 거의 다 왔어요!

---

snow-covered
눈 덮인

Snow-covered mountains on all sides / on every side!
사방이 눈으로 뒤덮인 산!

---

winter wonderland
겨울 경치가 굉장한 곳

It's a real winter wonderland!
정말 환상의 겨울 왕국입니다!

---

ice fishing
얼음 낚시

They are having an ice fishing festival here.
여기서 얼음 낚시 축제를 하고 있습니다.

As luck would have it
(=Coincidentally, Fortunately)

운이 좋게도

As luck would have it, they were having an ice fishing festival that day.
운이 좋게도 그들은 그날 얼음 낚시 축제를 즐기고 있었습니다.

---

1   **Workshop** 워크샵, MT / **Retreat** MT

Workshop 워크샵, MT / Retreat MT

* 우리가 흔히 MT라는 말을 쓰는데 이것은 Membership Training을 줄여 쓴 말입니다. 이렇게 줄여 쓰는 것을 영어로는 acronym(initialism) '약어', '두문자어'라고 하지요. 하지만 미국에서는 MT라는 표현을 쓰지 않습니다. 원어민들은 이 경우에 workshop이나 retreat이라는 말을 씁니다.

이번 주말에 가평에서 워크샵이 열립니다.
We have a workshop in Gapyeong this weekend.

우리는 가평으로 회사 MT를 왔습니다.
We went on a retreat to Gapyeong.

* 회사에서 가는 MT는 workshop보다 retreat라는 말을 더 많이 씁니다.
company retreat 회사 MT | staff retreat 직원 MT

저는 당신이 올해 임원 MT에서 발표를 했으면 합니다.
I'd like you to give a presentation at this year's executive retreat.

give a presentation 발표하다 | executive retreat 임원 MT

우리 회사는 야유회를 갔다.
Our company went on an outward bound excursion.

* 미국에서는 우리나라처럼 회사 MT를 가는 일이 많지는 않지만 일 년에 한두 번 정도 outward bound excursion 즉 핸드폰이나 전자제품 등의 문명의 편리함 없이 가는 야유회(without the conventions of modern civilization) 형태로 가는 경우는 있습니다.
outward bound excursion 야유회 | outward bound 떠나가는 | excursion 단체로 짧게 가는 여행

---

2   **Staff party** 회식

오늘 회식 있습니다!
We're having a staff party today!

PLUS Attendance is mandatory. 참석은 필수입니다.

이번 주 금요일에 올해 회사 회식할 거야.
We're having our annual company get-together this Friday.

annual 매년의, 연례의

Holiday party 연말 파티 / Christmas party 크리스마스 파티 /
Year-end party 연말 파티

올해 연말 파티에서 너무 취하지 않도록 확실히 해.
Make sure you don't get too drunk at this year's holiday party.

* holiday party는 단순히 명절 파티가 아니고 크리스마스와 새해를 모두 축하하는 파티입니다. The holidays라는 말은 모든 명절이나 축일을 가리키는 용법으로 쓰이기보다는 Happy holidays!라는 표현처럼 크리스마스와 새해를 함께 가리킬 때 쓰는 말입니다.

+ Plus

우리는 부산으로 올해의 직원 MT를 갈 것입니다.
We're having this year's staff retreat in Busan.

나는 네 파티에 갈 수 없을 것 같아. 이번 주말에 회사 MT를 가야 해.
I don't think I can make it to your party. I've got a company retreat this weekend.

나는 작년 회식에서 너무 많이 취했다.
I got way too drunk at the staff party last year.

34편 '미드 정주행'을 영어로!

1 Binge 짧은 시간에 하나의 행동을 과도하게 하는 것

Binge watching (드라마 등을) 몰아서 보기 / Binge watch (드라마 등을) 몰아서 보다

A: 미국 드라마 봅니까?
Do you watch any American TV shows?

American TV show 미드(미국 드라마)

B: '소프라노스' 첫 번째 시즌을 몰아서 봤어요.
I binge watched the whole first season of *The Sopranos*.

whole 전체의, 모든

Binge 폭식, 폭식하다 / Go on a binge 폭식, 폭음하다 / Binge drinking 폭음

그녀의 식이 장애는 폭식을 야기시켰다.
Her eating disorder caused her to binge.

eating disorder 식이 장애
cause 야기하다

그녀는 폭식했다.
She went on a binge.

그는 지난 주말에 폭음했다.
He went on a binge last weekend.

대학생들은 폭음으로 유명하다.
College students are famous for binge drinking.

* 반대되는 의미로 drinking in moderation은 '적절한 음주'라는 뜻이에요.
  be famous for ~으로 유명하다

저는 모든 시리즈를 주말에 몰아서 봤어요.
I binge watched the entire series over the weekend.

entire 전체의, 온

그는 여자 친구에게 차인 후 폭음했다.
He went on a binge after his girlfriend dumped him.

dump (애인을) 차다

아이들이 할로윈에 받았던 초콜릿을 아직도 폭식 중입니다.
The kids are still binging on the chocolate they got on Halloween.

* binging의 발음은 [bɪndʒɪŋ]으로 해야 합니다. 이때 e를 붙여서 bingeing이라고 해도 맞는 말이지만 binging을 더 많이 씁니다. 그리고 binge의 발음은 [bɪndʒ]로 우리말로 하면 [빈지]가 아니라 [빈즈]에 가깝습니다.

폭음은 당신의 몸에 정말 해롭습니다.
Binge drinking is very hard on your body.

'왕좌의 게임' 첫 번째 시즌을 몰아서 보고 있다.
I'm binge watching the first season of *Game of Thrones*.

나는 주말 내내 한국 드라마를 몰아서 보고 있다.
I've been binge watching Korean dramas all weekend.

1 Praise 찬미하다, 찬양하다, 칭찬하다

* The teacher praised me. 선생님이 저를 칭찬했어요.
이 문장이 문법적으로는 아무 문제가 없지만 원어민들은 많이 사용하지 않는 표현입니다.
praise하면 가장 먼저 떠오르는 의미는 '종교적으로 숭배하다'라는 뜻입니다.

Praise service 예배 / **Praise god** 신을 섬기다, 숭배하다, 찬양하다

우리는 매주 일요일 11시에 예배가 있습니다.
We have praise service at 11 AM on Sundays.

장군은 전쟁터에서의 용맹한 행동으로 칭송받았다.
The general was praised for his valiant behavior on the battlefield.

* 간혹 praise가 수준이 높은 문어체 표현으로 '칭찬하다, 칭송하다'라는 의미로 사용되는 경우도 있습니다.
general 장군 | valiant 용맹한, 단호한 | behavior 행동 | battlefield 싸움터, 전쟁터

2 Compliment (동)칭찬하다 (명)칭찬하는 말, 찬사

그는 나를 칭찬했다.
He complimented me.

나는 그녀를 칭찬했다.
I complimented her.

선생님이 나를 칭찬했다.
The teacher complimented **me.**

Gave me a compliment / Paid me a compliment 나를 칭찬했다

그렇게 좋은 칭찬을 해 주셔서 감사합니다.
Thanks for giving me **such a nice** compliment.

그는 저에게 엄청난 칭찬을 했어요.
He paid me an **enormous** compliment.

enormous 막대한, 거대한

그녀가 저를 칭찬했어요.
She paid me a compliment.

선생님이 저를 칭찬했어요.
The teacher paid me a compliment.

3 Compliment someone on something ~에 대해 …를 칭찬하다

사장님이 내 보고서에 대해 칭찬했다.
The boss complimented me on **my report.**

그녀가 나의 새로운 헤어스타일에 대해 칭찬했다.
She complimented me on **my new hair style.**

나는 그녀의 옷차림에 대해 칭찬했다.
I complimented her on **her outfit.**

outfit 옷, 복장

할머니께서 나의 새로운 정장에 대해 칭찬해 주셨다.

Grandma complimented me on **my new suit.**

suit 정장

+ Plus

A: 네가 여자 친구 앞에서 다른 여자의 외모에 대해서 칭찬을 하다니 말도 안 돼.

I can't believe you complimented another girl on **her appearance in front of your girlfriend.**

appearance 겉모습, 외모

B: 그녀는 내가 그냥 장난친 걸로 알 거야.

She knows I was just kidding around.

A: 내 여자 친구라면 절대로 가만히 있지 않았을 텐데.

My girlfriend would never let me get away with that.

get away with (처벌, 책임 등을) 교묘히 모면하다, 빠져나가다

A: 사장님이 항상 네 업무에 대해서 칭찬을 해 주시네. 완전 부럽다.

The boss is always paying you compliments on **your work. I'm so jealous.**

B: 글쎄, 너도 그냥 내가 하는 것처럼 세부적인 사항에도 신경을 쓰면 돼.

Well, you've just got to pay attention to detail like I do.

pay attention to ~에 유의하다, 주의를 기울이다
detail 세부 사항

36편

'바람맞았어요'를 영어로!

+ Introduction

마이클 쇼에 게스트가 등장했습니다.

M: We have a special guest, VIP. Say what's up.

오늘 특별한 손님을 모셨습니다. 인사해 주세요.

B: Thank you. Hello.

감사합니다. 안녕하세요.

M: And you may remember *Korean Champ*.

'코리안 챔프'를 보셨으면 기억하실지도 몰라요.

(To the guest) You appeared also on *Korean Champ*.
The Gangnam special edition!

'코리안 챔프' 강남 특집 편에도 나오셨죠!

M: And people who saw that show, you've seen his nickname.

그 쇼를 보셨으면 그의 별명을 보셨을 거예요.

Ben the Bailer!

약속 안 지키는 사람 벤!(Bailer는 약속을 잘 안 지키는 사람을 일컫는 말입니다.)

But you made it today.

오늘은 와 주셨네요.

B: I did it. Yeah.

왔습니다. 네.

M: How unlike you to actually show up! Thank you!

당신답지 않게 오늘은 나타났네요! (약속을 지켰다는 의미입니다.) 감사합니다!

B: What? I don't cancel all the time.

뭐라구요? 항상 취소하지는 않잖아요.

M: Did you cancel last time? Yes or no?

지난번에 취소했죠? 그래요? 안 그래요?

B: Yes.

그랬었죠.

M: Yes, he did. So it's apropos. It's a perfect nickname.

맞아요, 그랬어요. 그래서 적절해요. 완벽한 별명입니다.

apropos 적절한, 알맞은

Bail means when you don't show up to an appointment.

bail은 여러분들이 약속에 나타나지 않는 것을 말합니다.

M: But thanks for being here today. I appreciate that.

오늘 여기 와 줘서 고마워요. 감사하게 생각합니다.

B: I made the effort.

저도 노력했어요.

effort 노력, 수고

M: Let's talk about these three expressions.

이제 세 가지 표현들에 관해 이야기해 봅시다.

---

1 | Bail 약속을 취소하다

〈약속장소로 가는 길에 친구한테 이렇게 말할 수 있습니다.〉

일이 생겨서 약속을 취소해야 할 거 같아.
Something came up, so I've got to bail.

* Bail means to cancel an appointment. Bail은 약속을 취소한다는 의미입니다.
  come up (예기치 않던) 일이 생기다

미안해, 약속을 취소해야겠어.
Sorry, I've gotta bail.

* I've got to를 줄여 I've gotta로 쓸 수 있습니다.

~를 바람맞히다, ~와의 약속을 취소하다
Bail on someone

너 만나기로 한 약속 취소해야겠어.
I've gotta bail on you.

2 | Not show up 나타나지 않다

M: (벤에게) 오늘은 당신이 왔어요. 나타나 줬어요.
(To Ben) So today you made it. You showed up.

make it (제 시간에) 도착하다

와 줘서 고마워!(나타나 줘서 고마워!)
Thanks for showing up!

* show는 '보여 주다'라는 뜻이고 show up은 '나타나다(=appear)'라는 말입니다. But in this case, it means to show up at the appointed time and place. 그러나 이번 경우에는 '약속된 시간과 장소에 나타나다'라는 의미입니다.

M: 누군가가 나타나지 않았을 때 쓰는 단어가 뭐죠?
What's the word for somebody who didn't show up?

B: 누군가가 나타나지 않았을 때 우리는 '그가 안 나타났어.'라고 합니다.
When somebody didn't show up, we say, "He was a no-show."

M: 당신이 변호사이거나 중요한 사람일 때 2시30분 약속이 있는데 상대방이 나타나지 않았을 경우 당신은 2시30분 약속에 사람이 나타나지 않았다고 말할 수 있습니다.
If you're a lawyer or an important person and you have a 2:30 appointment but that person didn't show up. Then you would say your 2:30 (appointment) was a no-show.

appointment 약속

---

3 Stand someone up ~를 바람맞히다(기다리게 하다)

너는 날 기다리게 만들었어!
You stood me up!

M: 소개팅이 있다고 해 봅시다. 영국에서 소개팅 많이 하나요?
Let's say you have a blind date. Do you do that a lot in England?

B: 아니요, 그렇진 않아요.
No, not really.

M: 벤, 소개팅 해 본 적 있어요?
Ben, have you ever been on a blind date?

B: 아니요.
No.

M: 전에 해 본 적이 없어요, 그렇죠?
Never done it before, have you?

B: 네.
No.

M: 나도 안 해 봤어요.
Neither have I.

코미디 쇼를 위한 전제조건(상황 설정) 같은 것일 뿐이죠? 재미있으니까요.
It's just like a premise for comedy? 'Cause it's funny.

B: 예전에 TV쇼가 있었어요.
We used to have a TV show...

M: 'Blind Date'라고 불렸던 거요.
Called "Blind Date."

B: 'Blind Date'라고 불렸던 거요. 맞아요. 재미있었죠.
Called "Blind Date." Yeah, it was funny.

M: 내 생각에는 미국이 영국 거를 베꼈던 것 같아요. 같은 쇼가 있었던 것 같아요.
I think we copied yours. I think we had the same show.

B: 토요일 저녁마다 했고 좋은 예능이었죠.
Saturday evenings and it was great entertainment.

M: 그리고 항상 웃기는 일들이 생겼었죠.
And hijinks ensued.

hijinks 야단법석
ensue 계속되다, 잇따라 일어나다

M: 당신이 소개팅이 있다고 상상해 보죠.
Let's imagine you do have a blind date.

커피숍에서 기다리고 있으면서 시계를 보고 있죠. 그녀는 여기 없습니다. 안 왔어요.

There you are waiting at the coffee shop, you keep checking your watch, she's not here. She hasn't showed up.

check 확인하다

그런 상황을 설명할 때 이렇게 말할 수 있습니다. '그녀가 저를 바람맞혔어요.'

Then when you describe that, you would say "She stood me up."

describe 설명하다, 묘사하다

전 우리 데이트를 정말 기대하고 있었는데 그녀가 저를 바람맞혔어요.

I was really looking forward to our date, but she stood me up.

look forward to ~을 기대하다, 고대하다

오후 2시에 소개팅이 있었는데 그녀가 저를 바람맞혔어요.

I had a blind date scheduled for 2 PM, but she stood me up.

scheduled 예정된

그리고 벤이 벤답게 굴고 저를 만나기로 한 약속을 취소합니다. 그러면 제가 말합니다. '그가 저를 바람맞혔어요.'

And Ben acts like Ben. He bails on me. Then I say, "He stood me up."

37편 '졸려'를 영어로!

1 Doze off 졸다

저는 오늘 출근길에 계속 졸았어요.
I kept dozing off on the way to work today.

on the way ~가는 길에

제 옆에 있던 남자가 계속 졸면서 머리를 제 어깨에 기대고 있었어요.
The guy next to me kept dozing off and putting his head on my shoulder.

그는 수업 시간에 계속 졸았어요.
He kept dozing during class.

* '졸다'라고 말할 때 off 없이 doze라고만 해도 됩니다.

그는 수업 시간에 졸아서 혼났다.
He got in trouble for dozing during class.

get in trouble for ~로 인해 곤경에 처하다, ~ 때문에 혼나다

2 Nod off 깜빡 졸다

저는 수업 시간 내내 졸았어요.
I kept nodding off during class.

nod 끄덕이다
I nodded in agreement. 나는 동의하면서 고개를 끄덕였다.
He asked me a question and I nodded. 그가 나에게 질문했고 나는 고개를 끄덕였다.

그는 강의 중에 계속 졸았다.
He kept nodding off **during the lecture.**

수업 시간에 졸지 마세요.
Please don't nod off **during class.**

3 **Drowsy/Sleepy 졸린**

저는 졸렸어요.
I was drowsy.

저는 조금 졸려요.
I'm feeling a little drowsy.

저는 조금 졸려요.
I'm feeling a little sleepy.

4 **Groggy 정신이 혼미한, 잠이 덜 깬**

Grog 술(그로그주) / Groggy 술 들어간 것처럼→정신이 혼미한

나 정신이 좀 혼미해.
I'm feeling a little groggy.

* 원래는 전날 술을 마시고 아직 술이 덜 깬 상태일 때 groggy를 써서 표현했습니다. 하지만 지금은 술을 마신 상태가 아니라도 비유적으로 groggy를 사용해서 말해요. 주로 아침에 일어나서 잠이 덜 깼을 때나 전화 통화 중에 머리회전이 잘 안 될 때 이렇게 표현합니다.

내가 아직 잠이 덜 깼는지 머리가 잘 안 돌아가네. 나중에 잠이 다 깼을 때 다시 전화할게요.
I'm still feeling a little bit groggy. **Let me give you a call back later, when I wake up.**

give ~ a call ~에게 전화하다

1 Put off 미루다, 연기하다

이것을 다음 주까지 미룹시다.
Let's put this off until next week.

이 회의를 다음 주까지 미룹시다.
Let's put off this meeting until next week.

이것을 내일까지 미루는 게 어때요?
How about putting this off until tomorrow?

이것을 내일까지 미루지 마세요.
Don't put this off until tomorrow.

일을 미루지 마세요!
Stop putting things off!

숙제를 미루지 마.
Stop putting off your homework.

당신은 지금 피하지 말아야 할 것을 미루는 거예요.
You're just putting off the inevitable.

inevitable 불가피한 것, 불가피한

불가피한 일은 미루지 마세요!
Stop putting off the inevitable!

제 친구를 해고시켜야 하는 순간을 계속 미뤘어요.
I kept putting off **the moment I would have to fire my friend.**

fire 해고하다

작별 인사를 해야 하는 순간을 계속 미뤘어요.
I kept putting off **the moment I would have to say good-bye.**

저는 그것을 계속 미뤘어요.
I kept putting it off**.**

그것을 미루지 마세요.
Don't put it off**.**

저는 그 결정을 계속 미뤘어요.
I kept putting off **the decision.**

decision 결정, 판단

2 | **Postpone** 지연시키다, 연기하다

비행기가 지연되었다.
The plane was postponed**.**

출발이 지연되었다.
My departure was postponed**.**

departure 출발, 떠남

배달이 지연되었다.
The delivery was postponed**.**

delivery 배달

제가 그것을 지연시켰어요.
I postponed it.

* postpone은 be동사+postponed(지연되다)의 수동태와 postpone(지연시키다)의 능동태 모두 사용 가능합니다.

우리는 2시에 만나기로 했었지만 내가 회의를 4시까지 지연시켰다.
We're supposed to meet at two, but I postponed the meeting until four.

3 Procrastinate (하기 싫은 일을) 미루다

오늘 해야 하는 일을 미루지 마!
Don't procrastinate!

* procrastinate은 '해야 할 일을 하기가 싫어서 미루다'라는 뜻으로 이 표현은 미국에서 부모들이 아이들에게 흔히 쓰는 말이에요.

해야 하는 일을 미루지 마!
Stop procrastinating!

그는 항상 일을 미룹니다.
He always procrastinates.

그 남자는 항상 마지막 순간까지 일을 미룹니다.
That guy always procrastinates until the last minute.

the last minute 마지막 순간, 막판

4 Dilly-dally 꾸물거리다, 미적거리다

꾸물거리지 마!
Stop dilly-dallying!

꿈물거리지 마!
Don't dilly-dally!

A: 나는 오늘 밤에 너무 피곤해서 이 과제를 마칠 수가 없어. 나 그냥 그거 내일 할래.
I'm too tired to finish this assignment tonight. I'll just do it tomorrow.

finish 끝내다, 마치다
assignment 과제, 임무

B: 이런 속담 있잖아. 오늘 할 수 있는 일을 내일로 미루지 마라.
Like the old saying goes, don't put off till tomorrow what you can do today.

old saying 속담

A: 우리 오늘 만나서 제 월급 인상에 대해서 이야기할 수 있을까요?
Can we meet to discuss my raise today?

discuss 상의하다, 의논하다
raise 인상, 상승

B: 우리 다음 주까지 연기할 수 있을까요?
Can we postpone that till next week?

A: 하지만 우리 벌써 세 번이나 연기했잖아요. 저 요새 먹고 살기 너무 힘들어요.
But we've already put it off three times. I'm having a hard time making ends meet.

have a hard time 힘든 시간을 보내다
make ends meet 겨우 먹고 살 만큼 벌다

39편 '이야기를 꺼내다'를 영어로!

+ Introduction

마이클이 오늘의 방송이 39번째 영상이라고 소개하고 있습니다.

edition
(방송물의) 회

installment
(연재물의) 1회분

It's the 39th edition/installment of the show.
이 프로그램의 39번째 편입니다.

1   Bring up 이야기를 꺼내다

화제를 꺼내다 / 안건을 꺼내다
Bring up a topic / Bring up an issue

topic 화제, 주제 | issue 안건, 주제

저는 그 이야기를 꺼내는 것을 잊어버렸어요.
I forgot to bring it up.

그 이야기를 다음에 꼭 할게요.
I'll bring it up next time for sure.

아직까지 그 이야기를 꺼내지 못했다.
I still haven't been able to bring it up.

〈모든 사람들이 저만 빼고 승진했어요. 저는 승진에서 제외되었어요.〉
Everyone else got a promotion except for me. I was overlooked for a promotion.

(상관과 이야기 하고 싶지만) 그가 제 실적에 대해 이야기를 꺼낼까 봐 두려웠어요.
I was afraid he would bring up my job performance.

promotion 승진
overlook (일자리나 직책에 대해) 고려 대상으로 삼지 않다
job performance 업무 실적, 업무 성과

실적에 대해 이야기를 꺼내는 게 좀 두려워요.
I'm kind of afraid to bring it up.

kind of 약간, 어느 정도

〈우리는 그의 전 여자 친구가 다른 사람과 사귄다는 소문을 들었다.〉
We heard a rumor that his ex is dating someone else.

무슨 일이 있더라도 그 이야기를 꺼내지 마세요!
No matter what, don't bring that up!

A: 사장님에게 왜 월급 인상을 못 받았는지 물어봤어요?
Did you ask the boss why you didn't get your raise?

boss 상사, 사장 | raise 인상, 상승

B: 아직 못했어요. 그 이야기 꺼내기가 조금 두려워요.
Not yet. I'm kind of afraid to bring it up.

| 2 | **Broach** (하기 힘든 주제를) 꺼내다 |

Broach a topic 화제를 꺼내다

* broach는 앞에 나온 bring up보다 수준이 높은 말로 비즈니스 영어에서 쓰일 수 있습니다.

나는 그 화제를 꺼내지 못했다.
I wasn't able to broach the topic.

나는 아직도 그에게 그 이야기를 꺼내지 못했다.
I still haven't been able to broach the topic with him.

3 Mention 언급하다

저는 그 화제에 대해 언급하지 않았어요.
I didn't mention the topic.

PLUS honorable mention 선외 가작(금은동을 제외한 참가상의 의미) It's an honorable mention. 선외 가작입니다.
* 여기서 mention은 '(간단한) 언급', '언급하다', '거론하다'라는 뜻을 나타내요.

그가 그 이야기를 언급했어요.
He mentioned it.

4 Introduce (화제 등을) 꺼내다

Introduce a topic for discussion 토론할 주제를 꺼내다

오늘 토론에서 다룰 주제를 꺼내 주시겠어요?
Would you like to introduce a topic for today's discussion?

그가 토의 주제를 꺼냈다.
He introduced the topic for the debate.

debate 토론, 토의

1 | **Get along with** ~와 사이좋게 지내다

그와 사이좋게 지내나요?
Do you get along with him?

형과 사이좋게 지내나요?
Do you get along with your older brother?

부모님과 잘 지내나요?
Do you get along with your parents?

형제자매들과 잘 지내나요?
Do you get along with your brothers and sisters?

사촌들과 사이좋게 지내나요?
Do you get along with your cousins?

너희 둘은 잘 지내니?
How do you two get along?

우리는 예전에는 사이좋게 지냈어.
We used to get along.

used to 과거 한때는 ~했다

우리는 예전에는 사이좋게 지냈지만 지금은 말도 안 하는 사이야.
We used to get along, but now we're not on speaking terms.

be on speaking terms ~와 말을 주고받다

우리는 예전에 아주 잘 지내는 사이였어요. 하지만 지금은 더 이상 서로 말도 안 해요.

We used to get along so well, but we're not even on speaking terms anymore.

* get along 뒤에 well을 붙여 쓰기도 해요.
  not anymore 더 이상 ~ 않다

누군가가 형제자매가 있다는 걸 알면 '서로 어떻게 지내나요?' 또는 '서로 잘 지내나요?'라고 물어 볼 수 있습니다.

When you find out someone has siblings, you can ask "How do you guys get along?" or "Do you guys get along?"

sibling 형제자매

2 Not get along with ~와 사이좋게 지내지 않다

불행히도 나는 이웃들이랑 정말 사이좋게 지내지 않아.

Unfortunately, I don't really get along with the neighbors.

unfortunately 불행하게도, 유감스럽게도

전 정말 여기 동료들이랑 사이좋게 지내지 않았어요.

I've never really gotten along with my coworkers here.

41편 '하다가 말다가'를 영어로!

1   **On and off** 하다가 말다가, 만났다가 헤어졌다가

그들은 3년 동안 만났다 헤어졌다 해 왔다.
They've been dating on and off for three years.

그들은 5년 동안 만났다 헤어졌다 해 왔다.
They've been on and off for five years.

* dating이란 단어를 빼고 이렇게 표현할 수도 있습니다.

그들은 고등학교 내내 만났다 헤어졌다 했다.
They were dating on and off all through high school.

고등학교 1학년부터 4학년까지 그들은 만났다 헤어졌다 했다.
From freshman year to senior year, they were dating on and off.

* 미국 고등학교는 1학년부터 4학년까지 있어서 From freshman year to senior year라고 말하기도 합니다.

나는 유치원 때부터 영어 공부를 하다가 말다가 해 오고 있다.
I've been studying English on and off since I was in kindergarten.

* 비슷한 표현으로 in fits and starts(하다가 말다가, 간헐적으로)도 있습니다.

내 평생을 음악 공부를 하다가 말다가 해 오고 있다.
I've been studying music on and off my entire life.

오후 내내 비가 오다가 말다가 한다.
It's been raining on and off all afternoon.

2   On-again, off-again 만났다가 헤어졌다가

만났다가 헤어졌다가 한 여자 친구
My on-again, off-again girlfriend

만났다가 헤어졌다가 한 남자 친구
My on-again, off-again boyfriend

그는 내가 만났다가 헤어졌다가 한 남자 친구이다.
He's my on-again, off-again boyfriend.

우리는 만났다가 헤어졌다가 하는 관계이다.
We're in an on-again, off-again relationship.

relationship 관계

+ Plus

A: 나는 초등학교 때부터 영어를 공부했다가 안 했다가 해 오고 있어.
I've been studying English on and off since I was in elementary
school.

B: 오, 정말? 그럼 너 진짜 잘하겠네?
Oh, really? You must be really good then?

A: 그렇진 않아. 아직도 배울 게 많아.
Not really. I've still got a lot to learn.

learn 배우다, 학습하다

42편 '헛고생했다'를 영어로!

1 | In vain 보람 없이, 헛되이

구조원들이 고립된 여자를 구하기 위해서 몇 시간을 헛되게 보냈다.
Rescuers spent hours trying in vain to rescue the stranded woman.

rescuer 구조자, 구출자 | rescue 구하다, 구조하다 | stranded 묶인, 고립된

~하려고 시도한 게 헛수고되다
try in vain to ~

선거에서 이기려고 노력한 게 헛수고였다
~ tried in vain to win the election

election 선거

영어를 배우려고 노력한 것이 헛수고였다
~ tried in vain to learn English

내가 그를 설득시키려고 노력한 것이 헛수고였다.
I tried in vain to convince him.

convince 설득하다, 확신시키다

〈사장님이 회사에서 저를 이탈리아로 보낼 거라고 말씀하셨어요. 그래서 이탈리아어를 공부하느라 6개월을 보냈습니다. 그런데 마지막 순간에 그들이 마음을 바꿔서 저를 프랑스로 보내기로 결정했습니다.〉
The boss told me they were sending me to Italy. So I spent six months learning Italian. But at the last minute they changed their minds and decided to send me to France instead.

저에게 필요 없는 언어를 배우는 데 들인 시간과 돈이 모두 헛수고가 됐습니다.

I spent all that time and money in vain learning a language I didn't even need.

모든 노력이 헛수고가 됐어요.

All that hard work was in vain.

영어 공부하려고 미국까지 간 것이 헛수고였어요.

I went all the way to America to study English in vain.

영어를 배우려고 계속해서 노력했지만 모두 헛수고였어요.

I kept trying to learn English, but it was all in vain.

2 Big waste (of time) 시간 낭비

그것은 그냥 시간과 돈 낭비였어요!

It was just a big waste of time and money!

완전 헛수고였네요.

It was all just a big waste.

43편

'새해 결심'을 영어로!

1 New Year's resolution 새해 결심

New Year's (Day) 새해 첫 날 / New Year's Eve 새해 전 날

새해 첫 날을 어떻게 보내실 건가요?
How are you going to spend New Year's (Day)**?**

새해를 위한 계획이 있나요?
Do you have any plans for the new year**?**

새해 결심을 했나요?
Did you make any New Year's resolutions**?**

새해 결심은 무엇인가요/무엇이었나요?
What are/were your New Year's resolutions**?**

내 결심은 ~였다.
My resolution was to ~.

나의 새해 결심은 살을 좀/5킬로그램을 빼는 것이었다.
My New Year's resolution **was to lose some weight/5 kilograms.**

lose 체중을 줄이다

나의 새해 결심은 적어도 10파운드를 빼는 것이었다.
My New Year's resolution **was to lose at least 10 pounds.**

* lose my weight (X) lose weight (O) 살을 빼다
  이렇게 말할 때 중간에 my를 넣으면 문법적으로 틀린 표현이 됩니다.

나의 새해 결심은 매년 그랬듯이 살을 빼는 것이다.

My New Year's resolution, as it is every year, is to lose weight.

* I resolve to ~ (나는 ~하기로 결심하다)는 고급스러운 표현으로 연설문에서 많이 사용합니다. 일상 표현으로는 resolution이라는 명사형 단어를 쓰는 것이 좋습니다.

나의 결심은 금연이었다.

My resolution was to quit smoking.

quit (하던 일을) 그만두다, 그만하다
smoke 담배를 피우다, 흡연을 하다

나의 결심은 술을 줄이는 것이었다.

My resolution was to cut down on alcohol.

cut down on ~을 줄이다
cut down on beer/wine/smoking 맥주를/와인을/담배를 줄이다

나의 결심은 적어도 일주일에 두 번 헬스장에 다니기 시작하는 것이었다.

My resolution was to start hitting the gym at least twice a week.

hit the gym 헬스장에 가다(운동하러)

나의 결심은 적어도 하루에 30분씩 영어 공부를 하는 것이었다.

My resolution was to study English at least 30 minutes a day.

당신의 새해 결심은 무엇이었나요?

What were some of your New Year's resolutions?

44편 '나와 같은'을 영어로!

1 The same ~ as I do / as me 나와 같은 ~

그는 나와 같은 학교에 다녀요.

He goes same school with me. (X)

* 이 문장은 문법적으로 틀린 말입니다. 여기서 same 앞에는 the가 와야 하고 전치사 with는 '바로 옆에 있다'라는 의미가 됩니다.
* He's going to school with me. 그는 지금 나와 함께 학교에 가고 있다.

He goes to the same school as I do. (O)

He goes to the same school as me. (O)

그는 나와 같은 동네에 산다.

He lives in the same neighborhood with me. (X)

* 이 문장은 '그가 나와 같은 집에서 동거한다.'라는 뜻입니다.

He lives in the same neighborhood as I do. (O)

He lives in the same neighborhood as me. (O)

* as I do는 접속사+주어+동사의 구조로 된 문어체 표현이고, 원어민들은 전치사+명사의 형태로 된 as me를 더 많이 사용합니다.
그는 나와 같은 것을 생각하고 있다.
He thinks the same as I do.
He thinks the same way as me.

그는 나와 키가 같아요.

He's the same height as me.

He's the same height as I am.

height (사람의) 키, (사물의) 높이

그는 나와 같은 체육관에 다녀요.

He goes to the same gym as me.

He goes to the same gym as I do.

그의 고향은 나와 같다.

His hometown is the same as mine.

그는 나와 같은 고향 출신이다.

He comes from the same **place** as I do.

He comes from the same **place** as me.

hometown 고향
come from ~ 출신이다

그는 나와 같은 휴대폰을 가지고 있다.

He has the same **phone** as me.

He has the same **phone** as I do.

+ Plus

그의 목표는 나와 같아. 그래서 우리는 서로에게 좋은 동업자지.

His goals are the same as mine. **So we are good business partners.**

goal 목표
business partner 동업자

와우, 너 나랑 같은 옷을 입었네!

Wow, you wore the same **outfits** as me!

outfit 옷, 복장

그는 나랑 같은 버스를 타. 우리는 같은 동네에 사는 것이 틀림없어.

He takes the same **bus** as me. **We must live in the same neighborhood.**

1 **Now we're even.** 이제 피장파장이다.

〈예를 들어 지난번에 친구가 내 부탁을 들어줬는데 이번에는 내가 친구의 부탁을 들어주게 된 경우에 말할 수 있는 표현입니다.〉

당신이 지난번 프로젝트의 대부분을 했으니까 이번에는 제가 제 몫보다 조금 더 많이 해야 한다고 생각했어요. 이제는 피장파장입니다.

You did most of the project last time, so I thought I'd do a little more than my share this time around. Now we're even.

share 몫, 할당 몫
even 대등한, 균등한

이제 피장파장이니까 그 이야기 꺼내지 마세요!
Now we're even, so stop bringing it up!

---

2 **This makes us even.** 이번 부탁 들어주면 피장파장이야.

〈친구가 차를 빌려달라고 할 때 예전에 내가 한 번 친구에게 빌린 적이 있어서 이번에 그 친구에게 빌려줘야 하는 상황일 때 키를 주면서 This makes us even.(이번 부탁 들어주면 피장파장이야.) 이라고 말할 수 있어요. 그리고 키를 주고 난 이후에는 Now we're even.이라고 할 수 있습니다.〉

PLUS get even 복수하다
I need to get even. 난 복수하길 원해.
He wanted to get even with the people who destroyed his life. 그는 그의 삶을 망쳐놓은 사람들에게 복수하고 싶어한다.

A: 네 차 좀 빌려도 될까, 친구?
Can I borrow your car, bro?

* bro는 친구를 편하게 부를 때 사용하는 말입니다.

B: 절대 안 돼! 정신 나갔어?

No way! Have you lost your mind?

lose one's mind 미치다, 정신 나가다

A: 이러지 마, 친구. 지난번에 네 차 수리 중일 때 내가 차 빌려줬잖아.

Come on, man. I lent you my car when yours was getting repaired that time.

repair 수리하다

B: 알았다, 알았어! 그렇지만 이제 피장파장 되는 거야! 오늘 이후로 부탁하는 거 더 이상 없는 거야!

All right, all right! But this makes us even! No more favors after today!

favor 부탁, 호의, 친절

+ Plus

A: 너 오늘 늦었어.

You were late today.

B: 맞아, 네가 지난번에 늦었잖아. 우리 비긴 거야.

Yeah, you were late last time. We're even.

A: 여기 내가 너한테 빚진 돈이야. 이걸로 피장파장 되는 거지.

Here's the money I owe you. This should make us even.

B: 무슨 소리 하는 거야? 너 아직도 나한테 적어도 100달러는 빚졌어.

What are you talking about? You still owe me at least a hundred dollars.

1 Impulse buy 충동구매

그건 충동구매한 거야!

It was an impulse buy!

* 같은 의미의 표현으로 impulse purchase도 많이 사용합니다.
  impulse (갑작스러운) 충동 | buy 구입, 구매

A: 언제부터 아르마니 지갑을 가지고 다녔어?

Since when have you had an Armani wallet?

B: 응, 사지 말았어야 했는데. 오늘 쇼핑몰에서 샀어. 충동구매였어.

Yeah, I shouldn't have. But I bought it today at the mall. It was an impulse buy.

* Strategies for reducing impulse buying (충동구매를 줄이기 위한 전략들)에서처럼 buy뒤에 ing를 붙여서 쓰기도 합니다.

난 충동구매했어. 지금은 후회해.

I made an impulse buy. I regret it now.

* 동사로 얘기하고 싶다 하더라도 다음과 같은 문장은 잘 사용하지 않습니다. I impulse bought it. (X)
  regret 후회하다, 유감스럽게 생각하다

그는 충동 자제를 잘 못해.

He has bad impulse control.

* He's very impulsive.(그는 매우 충동적이야.)도 비슷한 표현입니다.
  control 통제, 제어

1 A blessing in disguise 새옹지마

새옹지마였어.
It was a blessing in disguise.

* 처음에는 안 좋은 일로 알고 있었는데 알고 보니 좋은 일이었다는 의미입니다.
  blessing 은혜, 축복, 좋은 일 | disguise 변장, 변장하다

제가 학교에서 쫓겨났을 때 처음에는 엄청난 불행으로 생각했어요. 그런데 나중에는 그것이 새옹지마라는 것을 깨달았어요.
When I got kicked out of the school, at first, I thought it was a disaster. But later on, I realized it was a blessing in disguise.

kick out of ~에서 쫓아내다 | disaster 재앙, 엄청난 불행 | later on 나중에, 후에

새옹지마일 수도 있어요.
It may be a blessing in disguise.

2 Every cloud has a silver lining. 모든 구름의 뒤편에는 은빛이 있다.(괴로움 뒤에는 기쁨이 있다.)

걱정하지 마. 괴로움 뒤에는 기쁨이 있어.
Don't worry. Every cloud has a silver lining.

나는 내 친구에게 괴로움 뒤에는 기쁨이 있을 거라고 상기시켜 주면서 위로해 주려고 노력했다.
I tried to comfort my friend by reminding him that every cloud has a silver lining.

comfort 위로하다, 위안하다 | remind 상기시키다

3 God works in mysterious ways. 신은 신비로운 방식으로 일한다.

신은 신비로운 방식으로 일한다.
God works in mysterious ways.

mysterious 신비한, 이해하기 힘든

+ Plus

A: 내가 서울대학교에 들어가지 못했을 때 나는 내 인생이 끝났다고 생각했어. 하지만 알고 보니 새옹지마였던 거야.
When I didn't get into SNU, I thought my life was over. But it turned out to be a blessing in disguise.

get into ~에 들어가다 | be over 끝나다 | turn out ~인 것으로 드러나다, 밝혀지다

B: 맞아, 상황이 정말로 결과적으로 잘된 거잖아. 안 그래?
Yeah, things really turned out for the best, didn't they?

A: 완전 그렇지! 그 실패가 내가 영화 대본을 쓸 수 있게 영감을 준 거였고 이제 그건 큰 성공작이 되었잖아.
They sure did! That failure is what inspired me to write my movie script and now it's a blockbuster.

failure 실패 | inspire 영감을 주다, 고무하다

+ Introduction

마이클이 LA에서 구간 열차(a commuter train)를 타고 촬영하고 있습니다.

I'm onboard a commuter train. 저는 지금 구간 열차를 타고 있습니다.

* 이 열차의 이름은 Metrolink입니다. LA 주변에서만 다니고 다른 주로는 운행을 안 하는 기차로 가격이 저렴합니다.

1 Commute (동)통근하다 (명)통근

제 직장은 LA에 있어요. 그래서 매일 오렌지 카운티에서 로스앤젤레스까지 통근합니다.

My workplace is in LA, so I commute every day between Orange Country and Los Angeles.

workplace 직장

만일 당신이 서울의 위성도시, 예를 들면 일산이나 분당에 산다면 '나는 매일 서울에서 일산/분당까지 통근합니다.'라고 얘기할 수 있어요.

If you live in one of the satellite cities around Seoul, for example, Ilsan or Bundang, you can say, "I commute every day between Seoul and Ilsan/Bundang."

satellite city 위성 도시

당신은 어떻게 통근해요?

How do you commute?

저는 일산에서의 삶을 즐겨요. 하지만 출퇴근은 참을 수가 없네요!

I enjoy life in Ilsan. But I can't stand the commute!

* commute는 '통근하다'라는 뜻의 동사와 '통근'이라는 뜻의 명사로 모두 쓰입니다.
  stand 참다, 견디다

그 시간을(통근을) 어떻게 견뎌요?

How can you stand the commute?

A: 정말 힘든 통근이네요! 당신은 어떻게 견뎌요?

What a hellish commute! How can you stand it?

hellish 지옥 같은, 지옥의

B: 사실 그렇게 나쁘지 않아요. 오디오북을 들으면 시간을 보내는 데 도움이 돼요.

It's actually not that bad. I listen to audiobooks and that helps the time pass.

actually 실제로, 정말로
pass (시간이) 흐르다, 지나가다

---

2 Commuter 통근하는 사람, 통근자

열차 서비스가 확대됨에 따라서 고속도로로 통근하는 사람들이 눈에 띄게 줄고 있습니다.

There has been a marked decrease in commuters on the freeway following the expansion of train service.

marked 뚜렷한 | decrease 감소, 하락 | freeway 고속도로 | following ~후에, ~에 따라 | expansion 확대, 확장

49편 '낚였다'를 영어로!

+ Introduction

마이클이 홍제천에서 촬영하고 있습니다. 어제가 만우절이어서 만우절에 대해 설명합니다.

April Fools' Day

만우절

---

deceive

속이다

I deceived him.

내가 그를 속였어.

* deccive는 '속이다'라는 뜻으로 흔히 쓰지만 만우절에 사용하기에는 맞지
않는 진지한 표현입니다.

She deceived me.
그녀가 나를 속였어.

---

1   Fell for it   낚였다

그는 낚였다.
He fell for it.

* fell for + 사물: ~에 낚였다, 속아 넘어갔다
  fell for + 사람: ~에게 반했다
  I fell for him. 나는 그에게 반했어.
  She fell for me. 그녀는 나에게 반했어.

나는 그의 속임수에 낚였다.
I fell for his trick.

나는 안 낚였어.
I didn't fall for it.

---

2   **Bought it** 믿었다(낚였다)

그는 믿었어요.(낚였어요.)
He bought it.

그는 안 믿었어요.(안 낚였어요.)
He didn't buy it.

* 여기서 buy는 '사다'라는 의미가 아니라 '(특히 사실 같지 않은 말을) 믿다'라는 뜻입니다.

그는 완전히 속아넘어갔어요.(그는 미끼를 물고 완전히 속았어요.)
He bought it, hook, line and sinker.

* 우리말에서 '낚이다'는 낚시와 관련된 표현인데 영어에도 낚시와 관련된 표현이 있습니다. 물고기가 낚싯바늘은 물론 낚싯줄과 봉돌까지 삼킬 정도로 속아넘어갔다는 말로 hook, line and sinker는 '완전히, 홀딱'이라는 뜻을 나타내요.

hook (낚시) 바늘
line 선, 줄
sinker 봉돌

저는 그를 속이려고 했지만 그는 속지 않았어요.
I tried to fool him, but he didn't buy it.

오늘 병원에 가야 해서 수업에 빠졌다고 선생님께 말씀드렸어요. 하지만 선생님이 믿지 않으셨어요./그러자 선생님이 믿으셨어요.
I told the teacher I had a doctor's appointment today and that's why I missed class, but she didn't buy it / **and she** bought it.

3 | **Play a trick on someone** ~에게 장난치다

저는 제 쌍둥이 동생을 저 대신에 회사에 보냈어요. 그리고 전 모든 사람들에게 장난을 쳤어요.
I sent my twin to work instead of me. And I played a trick on everyone.

우리는 부모님/선생님에게 장난을 쳤어요.
We played a trick on my parents/the teacher.

+ Plus

A: 너네 와이프한테 야근한다고 말하고 나와서 놀아야 해.
You should just tell your wife you're working late and come hang out.

B: 와이프가 그런 핑계를 믿을 리가 없어. 와이프는 내가 얼마나 게으른지 알아.
There's no way she'd buy that excuse. She's knows how lazy I am.

excuse 핑계, 변명 | lazy 게으른

A: 저 레포트 전체 다 했어요. 단지 가져오는 걸 까먹었을 뿐이에요. 맹세해요.
I did the whole report. I just forgot to bring it. I swear.

swear 맹세하다

B: 난 믿지 않아. 너는 항상 말도 안 되는 핑계를 대더라.
I don't buy it. You always have some ridiculous excuse.

ridiculous 말도 안 되는, 터무니없는

50편 '오버하다'를 영어로!

1　Go overboard 지나치다(오버하다)

* '오버하다'라는 표현은 영어에서 온 것으로 오버를 동사처럼 만들어서 사용한 것입니다. 하지만 영어에는 You overed. / You're overing.이란 문장은 없습니다.

네가 너무 지나쳤어.
You went overboard.

* 배에 타고 있는데 한 사람이 떨어져서 물에 빠졌을 때 Man overboard! 또는 He went overboard!라고 외칩니다. '한 명이/그가 물에 빠졌어요!'라는 의미인데 비유적인 표현으로 '오버하다', '지나치다'라는 뜻을 나타냅니다.
　overboard 배 밖으로, 물 속으로

너 오버하는 것 같아!
I think you're going overboard!

너 조금 오버하는 것 같지 않아?
Don't you think you're going a little overboard?

너 (조금) 오버했던 것 같아.
I think you went (a little) overboard.

2　Overdo it 지나치다

네가 (조금) 지나쳤던 것 같아.
I think you overdid it (just a little).

* I think it's overdone. 그거(고기) 너무 익은 것 같아.
　I think you overcooked it. 이라고도 할 수 있어요.
* 상대방이 식당에서 지나치게 항의를 하거나, 평소에 운동을 안 하던 사람이 갑자기 너무 무리해서 운동을 할 때 이렇게 말해줄 수 있습니다.

오버하지 마!(지나치게 하지 마!)
Don't overdo it!

---

3 | Cross the line 선을 넘다

네가 선을 넘은 것 같아!
I think you crossed the line!

cross 넘다, 가로지르다
line 선, 줄

그 발언/진술을 한 건 그가 선을 넘었던 것 같아.
I think he crossed the line with that remark/statement.

remark 발언, 말
statement 진술, 서술

+ Plus

A: 내 인생은 끔찍해. 내 직업은 구리고, 내 자식들은 나를 싫어하고, 내 강아지조차 나를 멍청하다고 생각해.
My life is terrible: my job sucks, my kids hate me, even my dog thinks I'm stupid.

terrible 끔찍한, 소름끼치는
hate 몹시 싫어하다
stupid 어리석은, 멍청한

B: 오버하지 마! 나머지는 사실인 것 같은데 내 생각에 너네 강아지는 너를 좋아해. 내 말 맞지?
Don't go overboard! The rest sounds true, but I think your dog likes you. Am I right?

◆ Impression 인상

그에 대한 첫인상은 매우 좋았어요.
My first impression of him was very good.

그의 첫인상은 좋았어요.
He gave me a good first impression.

give ~ a good impression 좋은 인상을 주다

첫인상을 만들 두 번째 기회는 절대 얻을 수 없다.
You never get a second chance to make a first impression.

저는 그에게 좋은 인상을 주고 싶었어요.
I wanted to give him a good impression.

저는 그에게 좋은 인상을 주려고 열심히 노력했어요.
I worked hard to give him a good impression (of me.)

1 Do an impression 성대모사를 하다

성대모사 할 수 있어요?
Can you do any impressions?

(유명한 사람들을) 성대모사 할 수 있어요?
Can you do any impressions (of famous people)?

한국 연예인들 성대모사 할 수 있어요?

Can you do any impressions of Korean celebrities?

celebrity 연예인, 유명인

저는 성대모사를 몇 가지 할 수 있습니다.

I can do a few impressions.

a few 어느 정도, 조금

저는 마이클의 성대모사를 할 수 있어요.

I can do an impression of Michael.

do an impression of someone 누군가의 성대모사를 하다

많은 코미디언들이 빌 클린턴의 성대모사를 하곤 했습니다.

A lot of comedians used to do impressions of Bill Clinton.

* 비슷한 표현으로 pretend to be someone '누구인 척하다' / copy someone '누구를 따라 하다' / mimic someone '누구를 흉내 내다' 등이 있습니다.

제 성대모사를 해 볼래요?

Why don't you try to do an impression of me?

그는 선생님을 성대모사 합니다.

He does an impression of the teacher.

그는 성대모사를 매우 잘합니다.

He does great impressions.

그는 성대모사를 완벽하게 합니다.

He does perfect impressions.

perfect 완벽한

그는 선생님 성대모사를 완벽하게 합니다.
He does a spot-on impression of the teacher.

* 다트에서 가장 가운데에 있는 점수가 가장 높은 곳을 bull's eye라고 해서 '딱 맞는'이라는 뜻으로 쓰이는데 spot-on은 bull's eye와 같이 '정확한', '꼭 맞는'이라는 뜻입니다.

그는 오바마 성대모사를 완벽하게 합니다.
He does a spot-on impression of Obama.

+ Plus

A: 걔는 항상 분위기 메이커야.
That guy's always the life of the party.

the life of the party 분위기 메이커

B: 진짜? 나한테는 낯가리는 것처럼 보이던데.
Really? He seemed shy to me.

shy 수줍어하는, 부끄러워하는

A: 걔 성대모사 진짜 잘해. 걔한테 하나 해 달라고 해 봐.
He's great at impressions. Ask him to do one for you.

be great at ~을 잘하다

A: 너 성대모사 할 줄 알아?
Can you do any impressions?

B: 응, 내 특기는 트럼프 대통령이야.
Yeah, my specialty is President Trump.

specialty 특기, 전문, 전공

◆ On sale 할인 판매 중인

그것은 할인 판매 중이었어요.
It was on sale.

* on sale은 '할인 판매 중인'이라는 의미를 나타내지만 for sale은 '판매 중인'이라는 뜻으로 할인의 의미는 없습니다.

저는 그걸 할인 가격으로 샀어요.
I got it on sale.

1 **I got a deal on it.** 저는 그걸 싸게 잘 샀어요.

저는 그걸 싸게 잘 샀어요.
I got a deal on it.

A: 그 차는 얼마였어?
How much was that car?

B: 아주 싸게 잘 샀어요.
I got a great deal on it.

* 물건 앞에 전치사 on을 써서 말합니다.
* I got a good deal on it.도 같은 표현입니다.

2 **I got a bargain on it.** 저는 그걸 싸게 잘 샀어요.

저는 그걸 싸게 잘 샀어요.
I got a bargain on it.

* bargain이 동사로 쓰이면 '흥정하다'라는 뜻을 나타냅니다.
  He always tries to bargain with the store owners. 그는 항상 가게 주인과 흥정을 하려고 합니다.
  A: Can't you give me a deal? 깎아 주시면 안 돼요? / Can't you give me a better price? 더 좋은 가격에 주시면 안 돼요?
  B: No, it's already cheap enough as it is. 안 됩니다. 이미 이 자체로도 충분히 쌉니다. / I'm already giving you a great deal. 이미 좋은 가격에 드리고 있어요.
  I was bargaining with the clerk/salesperson. 저는 매장 직원과 흥정하고 있었습니다.

저는 그걸 싸게 잘 샀어요.
I got it for a bargain.

그걸 (정말) 싸게 잘 샀어요.
It was a (real) bargain.

3   It was a steal. 그건 거저나 마찬가지였어요.

그건 거저나 마찬가지였어요.
It was a steal.

* steal은 동사로 '훔치다'라는 뜻인데 명사로는 비유적으로 '매우 싼, 돈 안 낸 것과 마찬가지인 물건'을 의미합니다.
  It was as good as paying nothing. 그건 지불하지 않은 것이나 다름없었어요.

A: 저는 이 가방을 겨우 10달러에 샀어요.
I only paid ten dollars for this bag.

pay ~ for ... …의 댓가로 ~를 지불하다

B: 와, 그거 거저나 마찬가지였네요!
Wow, that was a steal!

A: 이 카메라 얼마 주고 샀어요?
How much did you pay for this camera?

B: 저는 그거 반값으로 샀어요. 거저나 마찬가지였어요.
I got it for half off. It was a steal.

for half off 반값으로(=for half price)

Look forward to와 Not look forward to!

+ Introduction

마이클이 일산 호수공원 앞에서 촬영하고 있습니다.

cherry blossom
벚꽃

It's a great place to enjoy the cherry blossoms.
이곳은 벚꽃 구경하기 좋은 곳입니다.

---

1 Look forward to ~을 기대하다

나는 정말 그것을 기대하고 있어!
I'm really looking forward to it!

* 좋은 일, 빨리 왔으면 하고 바라는 일에 대해 얘기할 때 쓰는 표현입니다.

나는 미국 여행이 정말 기대돼.
I'm really looking forward to our trip to America.

저는 오랫동안 이 강의를 기대하고 있었습니다.
I've been looking forward to this lecture for a long time.

for a long time 오랫동안

대부분의 미국 아이들은 일년 내내 크리스마스를 기대한다.
Most kids in the US look forward to Christmas all year long.

most 대부분의 | all year long 일년 내내

내일 당신과 만날 것을 기대하고 있습니다.
I'm looking forward to meeting you tomorrow.

* look forward to 뒤에는 명사와 동명사가 모두 올 수 있습니다.

내일 당신과 이야기할 것을 기대하고 있습니다.
I'm looking forward to speaking with you tomorrow.

당신과 직접 만나게 될 것을 기대하고 있습니다.
I'm looking forward to meeting you in person.

in person 직접, 몸소

---

2 | Not look forward to ~하기 싫다

저는 내일 회의를 정말 하고 싶지 않습니다.
I'm really not looking forward to the meeting tomorrow.

* 부담스럽거나 하기 싫은 일에 대해 말할 때 이렇게 표현할 수 있습니다.
* '부담스러운'이라는 뜻의 burdensome이라는 단어도 있지만 not look forward to ~를 더 많이 사용합니다.

저는 치과에 정말 가고 싶지 않아요.
I'm really not looking forward to going to the dentist's office.

dentist's office 치과

저는 치과 예약을 하고 싶지 않습니다.
I'm not looking forward to my dentist appointment.

appointment 예약

저는 이 신경치료를 정말 받고 싶지 않습니다.
I'm really not looking forward to this root canal.

* not look forward to는 단순히 기대하지 않는다는 의미가 아니라 '정말 하기 싫다'라는 강한 표현이 됩니다.
  root canal 신경치료

저는 이 팀 프로젝트를 정말 하기 싫습니다.

I'm really not looking forward to **this team project.**

저는 이 발표를 정말 하기 싫습니다.

I'm really not looking forward to **this presentation.**

저는 이번 출장을 정말 가고 싶지 않습니다.

I'm really not looking forward to **this business trip.**

business trip 출장

+ Plus

A: 너 미국 여행 가는 거에 대해서 가장 기대되는 건 뭐야?

What are you looking forward to **most about your trip to the US?**

B: 글쎄, 나는 항상 나이아가라 폭포에 가고 싶었어. 그래서 아마도 그게 내 리스트에서 1위일 거야.

Well, I've always wanted to see Niagara Falls. So that's probably number one on my list.

list 목록, 리스트

A: 나는 이번 소개팅 정말로 가고 싶지 않아.

I'm really not looking forward to **this blind date.**

blind date 소개팅

B: 왜 가기 싫어?

Why not?

A: 글쎄, 나는 그냥 친구 때문에 가는 거거든. 지난 이별 이후로 나 아직 극복을 못한 것 같아.

Well, I'm just going as a favor to my friend. I still haven't moved on since my last breakup.

favor 부탁, 청 | move on 극복하다, 잊다 | breakup 이별

+ Introduction

마이클이 선유도 공원에서 촬영을 하고 있습니다.

waterski

(명)수상스키 (동)수상스키를 타다

* waterski/water-ski/water ski라고
  모두 표현할 수 있다.

Have you (ever) been waterskiing?

수상스키 타 본 적 있어요?

I'm going waterskiing.

수상스키 타러 갑니다.

That man is waterskiing behind us.

우리 뒤에 있는 남자가 수상스키를 타고 있습니다.

1 **Play favorites 편애하다**

우리 선생님은 항상 편애하신다.
My teacher always plays favorites.

* '편애하다'라고 표현할 때는 '가장 좋아하는 것'이라는
  뜻의 favorite을 써서 말합니다.
  favorite + ism = favoritism (명)편애

사장님은 항상 편애하신다.
The boss always plays favorites.

우리 엄마는 항상 편애하신다.
My mom always plays favorites.

우리 엄마는 오빠만 신경 씁니다. 그녀는 항상 편애하십니다.
My mom only cares about my brother. She always plays favorites.

* 편애하는 대상을 언급할 때는 play favorites 뒤에 붙이지 않고 다른 문장을 써서 나타냅니다.
  care about ~에 신경 쓰다, 관심을 가지다

+ Introduction

마이클이 새로 개조한 연세대학교 교내에서 촬영하고 있습니다.

newly remodeled

새롭게 개조한

We're visiting the newly remodeled campus of Yonsei University.

우리는 지금 새롭게 개조한 연세대학교 캠퍼스를 방문하고 있습니다.

* 단어들을 연결해 형용사구를 만드는 경우 원래는 A ten-year-old boy(10살 된 소년), 40-year-old whiskey(40년 된 위스키)와 같이 단어 사이에 하이픈(-)이 들어가야 하지만 앞 단어가 -ly로 끝나면 대부분 생략합니다.

---

1 A born ~ 타고난 ~

그는 타고난 지도자였다.

He was a born leader.

* '타고난 지도자'라고 하면 어릴 적부터 다음과 같은 특징들을 가지고 있는 사람을 말할 수 있어요.
  He was popular in school. 그는 학교에서 인기가 많았다.
  He had a lot of friends. 그는 친구가 많았다.
  He was good at making new friends. 그는 새로운 친구들을 잘 사귀었다.
  He could exercise a lot of influence. (He could yield a lot of influence.) 그는 많은 영향력을 행사할 수 있었다.

그는 타고난 중재자였다.

He was a born peace-maker.

* 두 사람의 갈등을 잘 풀어주면서 중간 역할을 해 주는 사람을 의미합니다.

그는 타고난 정치인이었다.

He was a born politician.

* 연설, 의사 소통 능력, 공감 능력이 뛰어난 빌 클린턴 같은 사람을 타고난 정치인이라고 할 수 있습니다.
  He's good at sympathizing with others. 그는 다른 사람들에게 동정을 잘합니다.

그는 타고난 연설가였다.
He was a born speaker.

그는 타고난 공연가였다.
He was a born performer.

그는 타고난 번역가였다.
He was a born translator.

그는 타고난 의사 전달자였다.
He was a born communicator.

그는 타고난 작곡가였다.
He was a born composer.

2 | Innate 타고난, 선천적인

그는 타고난 음악적 재능을 가지고 있었다.
He had an innate musical talent.

* 좀 더 수준이 높은 표현으로 innate 뒤에 skill을 써서 말할 수 있습니다.
* had 대신 possessed를 써서 말할 수 있습니다.
  talent 재능

그는 의사소통에 타고난 재능을 가지고 있었다.
He had an innate talent for communication.

communication 의사소통

그는 선천적인 음악적 재능을 가지고 태어났다.
He was born with innate musical talent.

PLUS prodigy 신동
Mozart was a musical prodigy. 모차르트는 음악 신동이었다.
He was a world-famous musical prodigy. 그는 세계적으로 유명한 음악 신동이었다.
be born 태어나다

56편 '난 항상 네 편이야'를 영어로!

+ Introduction

마이클이 송도에서 촬영하고 있습니다.

fall colors/autumnal colors
단풍

I'm gonna head over to Seorak Mountain to enjoy/see the fall colors.
나는 단풍을 즐기러/보러 설악산에 가려고 합니다.

The brilliant fall colors!
화려한 단풍!

* brilliant는 '똑똑한'이라는 의미도 있습니다.

---

1   **Take someone's side** ~의 편을 들다

그의 편 들지 마!
Don't take his side!

side 편, 쪽, 측면

엄마는 항상 그의 편을 들어요.
Mom always takes his side.

우리 엄마는 항상 오빠 편만 들어요.
My mom always takes my brother's side.

엄마는 항상 네 편만 들어.
Mom always takes your side.

---

2   Whose side are you on? 너는 누구 편이니?

도대체 너는 누구 편이니?
Just whose side are you on, (anyway)?

* '도대체'라고 할 때 보통 on earth, in the world 등으로 표현하지만 위의 문장처럼 강조어로 just나 anyway를 쓰기도 합니다.

너는 그의 편이야?
Are you on his side?

나는 네가 내 편인 줄 알았어.
I thought you were on my side.

thought think(생각하다)의 과거형

3   I'm neutral. 나는 중립적이야.

나는 중립적이야.
I'm neutral.

neutral 중립적인, 어느 편도 들지 않는

나는 내 중립성을 유지하고 싶어.
I want to maintain my neutrality.

maintain 유지하다, 지키다
neutrality 중립성

난 이 일에 관여하고 싶지 않아.
I don't wanna get involved in this.

get involved in ~에 관여하다

난 이 일에 끼어들고 싶지 않아.
I don't wanna get wrapped up in this.

난 이 일에 관여하고 싶지 않아.

I don't want to get myself involved in this.

난 누구의 편도 아니야.

I'm not on anyone's side.

난 이 말다툼에서 누구의 편도 들지 않을 거야.

I'm not taking sides in this argument.

+ Plus

A: 야, 왜 거기서 나를 변호해 주지 않았어? 너 내 편 아니야?

Why didn't you stick up for me back there, bro? Aren't you on my side?

stick up for ~를 변호하다, 변명하다

B: 난 항상 네 편이라는 거 너도 알잖아. 그런데…

You know I'm always on your side but...

A: 그런데 뭐?

But what?

B: 그런데 걔네들 진짜 터프해 보였어!

But those guys looked really tough!

tough 거친, 터프한

A: 와우! 난 네가 그렇게 겁쟁이인지 전혀 몰랐네!

Wow! I never knew you were such a coward!

coward 겁쟁이, 비겁한 사람

1 Sleep in (의도적으로) 늦잠 자다

내일 늦잠 잘 거예요.
I'm going to sleep in **tomorrow.**

저는 지난 며칠 동안 밤새 일했어요. / 저는 밤늦게까지 일했어요. / 저는 무리해서 일했어요.
I've been working all night for the last few days. /
I've been burning the midnight oil. /
I've been burning the candle at both ends.

burn the midnight oil 밤늦게까지 일하다
burn the candle at both ends 무리해서 일하다, 혹사하다

(피곤해서) 내일 늦잠 자고 싶어요.
I want to sleep in **tomorrow. / I'd like to** sleep in **tomorrow.**

* I'm going to sleep late.(늦게까지 잘래요.)으로도 표현할 수 있습니다. 또한 밤에 늦게 잠자리에 든다는 표현은 I'm going to go to bed late.이라고 합니다.

오늘 아침에 늦잠을 잤어요.
I slept in **this morning.**

저는 대개 아침 6시쯤에 일어나서 회사에 가야 합니다. 하지만 오늘은 휴가를 냈어요. 그래서 늦잠 잤습니다.
Normally, I have to get up and go to work at about 6 in the morning. But I had the day off today. / But I took the day off today. So I slept in**.**

normally 대개, 보통은 | have the day off = take the day off 휴가를 내다

아침에 문자 보내지 마세요. 저 늦잠 잘 계획입니다.

Don't text me in the morning. I'm planning on sleeping in.

text (휴대전화로) 문자를 보내다
plan on ~할 계획이다

---

2   Oversleep (본의 아니게) 늦잠 자다

저는 오늘 중요한 약속이 있었어요. 하지만 늦잠을 자서 못 갔어요.

I had an important appointment today. But I overslept and missed it.

*oversleep에서 over는 너무 했다(오버했다)라는 뜻의 단어 overdid처럼 '지나친'의 의미를 갖고 있습니다.

저는 오늘 아침 8시 30분에 기차를 타기로 되어 있었는데 늦잠을 잤어요.

I was supposed to catch the train this morning at 8:30, but I overslept.

be supposed to ~하기로 되어 있다
catch (버스, 기차, 배 등을 시간에 맞춰) 타다

저는 알람 소리를 듣지 못했어요. 그래서 늦잠을 잤어요.

I didn't hear my alarm. / My alarm didn't wake me up. So I overslept.

alarm 자명종
wake ~ up ~를 깨우다

정말 죄송합니다! 오늘 아침에 알람 소리를 듣지 못해서 늦잠을 잤어요. 약속을 다시 해도 될까요?

I'm so sorry! I didn't hear my alarm and overslept this morning. Can we reschedule our appointment?

reschedule 일정을 변경하다

---

3 Sleep over (남의 집에서) 자다 / Have a sleepover 밤샘 파티를 하다

저는 친구네 집에서 잤습니다.
I slept over at a friend's house.

* sleep over에서 over는 '너머'의 의미를 갖고 있습니다.
  I had a friend over for dinner. 친구를 저녁 먹으러 오라고 저희 집으로 불렀어요.

우리는 밤샘 파티를 했어요.
We had a sleepover.

* sleepover는 어린이들이나 청소년들이 친구의 집에 모여서 함께 노는 밤샘 파티를 말합니다.

그들은 집에서 밤샘파티를 했어요.
They had a sleepover at their house.

+ Plus

A: 이야! 드디어 기말고사 끝났다!
Yay! I'm finally done with finals!

be done with ~을 마치다
final 기말 시험

B: 좋아! 이제 우리 드디어 다시 늦게까지 잘 수 있겠네.
Nice! Now we can finally sleep in again.

A: 늦었는데 오늘 밤 여기서 그냥 자고 갈래?
It's late. Do you wanna just crash here tonight?

crash (보통 때 자는 곳이 아닌 데에서) 잠을 자다

B: 우리 부모님은 내가 친구네 집에서 자는 걸 허락하지 않으셔.
My parents don't let me sleep over at friends' houses.

1 Can't take a hint 눈치 없다

그는 눈치가 없어.
He can't take a hint.

* 세 명의 친구가 함께 있는 경우 한 친구와 대화가 잘 통하고 다른 한 친구는 옆에서 방해만 되고 없어도 될 것 같다고 생각할 때 그에 대해 He's a third wheel.(그는 필요 없는 사람이야.)이라고 말할 수 있습니다. 그래서 Isn't it late? You'd better get going.(너무 늦은 거 아니야? 너는 슬슬 가는 게 좋을 것 같은데.)라고 말해도 그가 그 의미를 파악하지 못할 때 이렇게 표현할 수 있습니다.

hint 힌트, 암시 | take a hint 눈치를 채다, 힌트를 알아차리다

저 남자는 눈치가 없어.
That guy can't take a hint.

2 Clueless 눈치 없는

그는 눈치가 없어.
He's clueless.

저 남자는 완전히 눈치가 없어.
That guy's completely clueless.

3 Have no tact 눈치 없다 / Tactless 눈치 없는

그는 눈치가 없어.
He has no tact. / He's tactless.

tact (명)약삭빠름, 눈치, 재치 | tactless (형)눈치 없는, 요령 없는
He has a lot of tact. 그는 눈치가 빠르다.

그 남자는 눈치가 없어.

That guy has no tact.

---

4 | Oblivious 주위를 잘 의식하지 않는, 눈치 없는

그는 완전히 눈치가 없어.

He's totally oblivious.

* 주변에 대한 인식이 부족하거나 어떤 말을 해야 적합한지 모르는 사람에 대해 이렇게 표현할 수 있습니다.

그 남자는 완전히 눈치가 없어.

That guy's totally oblivious.

PLUS 우리가 흔히 남을 배려하는 사람에게 '센스가 있다'라고 말하는데 senseless는 senseless violence처럼 '무분별한 폭력'이라고 할 때 씁니다. 그리고 He has lots of sense.라고 하면 '그는 상식(common sense)이 풍부해요.'라는 의미를 나타냅니다.

---

5 | Not perceptive 관찰력 없는, 눈치 없는

그는 매우 눈치가 없다.

He's not very perceptive.

perceptive 통찰력 있는, 지각력 있는

그 남자는 매우 눈치가 없다.

That guy's not very perceptive.

---

6 Perceptive 눈치 있는

그는 눈치가 빨라요.
He's very perceptive.

* 앞에서 배운 can't take a hint와 반대되는 표현으로 can take a hint를 생각할 수 있는데 이 표현은 잘 쓰지 않습니다. 이때는 perceptive를 써서 말합니다.
* 상대가 무슨 말을 하려고 하는지, 무엇을 필요로 하는지 말하기도 전에 먼저 파악하는 사람에 대해 이렇게 표현합니다.

와! 당신은 정말 눈치가 빠르군요!
Wow! You're so perceptive!

7 Considerate 배려 있는, 눈치 있는

그는 배려심이 많습니다.(그는 눈치가 있습니다.)
He's considerate.

8 Intuitive 직관력 있는, 눈치 빠른

그는 직관력이 뛰어나요.(그는 눈치가 빠릅니다.)
He's very intuitive.

PLUS sensitive (형)예민한
He's very sensitive. 그는 매우 예민합니다.(쉽게 상처를 받습니다.)
sensitive는 '눈치가 빠르다'는 의미에 적합하지 않습니다.
intuitive (형)직관적인, 직관력 있는 | intuition (명)직관

59편 '일부러, 실수로'를 영어로!

+ Introduction

마이클이 북한산 단풍을 배경으로 촬영하고 있습니다.

drizzle

(동)가랑비가 내리다, (비가) 보슬보슬 내리다 (명)가랑비, 보슬비

It's drizzling.

가랑비가 내리고 있어요.

There is a light drizzle.

가랑비가 약하게 내리고 있습니다.

---

sprinkle

(동)가랑비가 내리다 (명)가랑비

It's sprinkling.

가랑비가 내리고 있습니다.

---

1 On purpose 일부러, 고의로

인정해. 나는 네가 그걸 일부러 했다는 것을 알고 있어.

Admit it. I know you did that on purpose.

admit 인정하다, 시인하다

모든 사람들이 네가 그것을 일부러 했다는 것을 알고 있어.

Everyone knows you did that on purpose.

everyone 모든 사람

---

2 Intentionally 의도적으로

경찰은 그가 그것을 의도적으로 했다고 생각한다.
Police think he did it intentionally.

* '의도'라는 뜻의 명사 intention에 ally를 붙인 intentionally는 '의도적으로', '고의로'라는 의미를 나타내며 deliberately도 같은 뜻으로 쓰입니다.

사람들은 그가 그것을 의도적으로 했다고 믿는다.
People believe he did it intentionally.

3 With intent 의도적으로

경찰에 의하면 그는 해치려는 의도를 가지고 범행을 저질렀다고 한다.
Police say that he acted with intent to harm.

act 행동을 취하다
intent (명)의도, 의향, 목적
harm 해치다, 해를 끼치다

4 By accident 실수로

그는 그것을 실수로 했어요.
He did it by accident.

* 이 경우에 원어민들 중 일부는 by 대신에 on을 써서 on accident라고 하기도 합니다.

* 많은 한국인들이 by accident 또는 accidentally를 '우연히'라는 의미로만 쓴다고 생각하는데 원어민들은 '실수로' 또는 '사고로'라는 의미로 자주 씁니다.

그는 그것을 실수로 하지 않았어요. 그는 분명히 일부러 했습니다.
He didn't do it by accident. He obviously did it on purpose.

obviously 확실히, 분명히

정말 죄송합니다. 제가 실수로 그랬습니다.
I'm really sorry. I did it by accident.

* 또한 I'm sorry. It was an accident.(죄송합니다. 그건 실수였어요.)라고도 표현할 수 있습니다.

+ Introduction

마이클이 날씨가 여전히 춥고 한파가 한창이라고 이야기하고 있습니다.

in the midst of
~의 한가운데에

It's still cold out there. We're in the midst of another cold snap.
밖은 여전히 춥습니다. 또 다시 한파가 한창입니다.

cold snap 한파

---

1   I'm craving ~. ~이 땡겨.

저는 지금 맥주가 땡겨요.
I'm craving a beer right now.

crave (동)갈구하다, 원하다

저는 지금 정말로 치즈버거가 땡겨요.
I'm really craving a cheeseburger right now.

전 치즈 맛이 나는 뭔가가 정말 땡겨요.
I'm really craving something cheesy.

cheesy 치즈 맛이 나는, 치즈 냄새가 나는

전 느끼한 뭔가가 땡겨요. / 저는 느끼한 뭔가가 먹고 싶어요.
I'm craving something greasy. / I want to eat some greasy food.

* 한국 사람들이 이 표현을 쓸 때 I'm craving 뒤에 for를 넣는 경우가 많은데 이때는 I'm craving 뒤에 바로 목적어가 오며 for를 쓰면 안 됩니다. 단, I have a craving for ~.처럼 craving을 명사로 쓸 때는 뒤에 for를 씁니다.
  I'm craving a cheeseburger. / I have a craving for a cheeseburger. 두 문장 모두 맞는 표현입니다.

* I have a craving for ~는 좀 더 공식적인 표현입니다.
  Pregnant women often have strange (food) cravings. When she was pregnant, she had a craving for (something).
  임신한 여성들은 종종 이상한 음식을 먹고 싶어 합니다. 그녀가 임신했을 때 그녀는 (무언가)를 정말 먹고 싶어 했습니다.
  greasy 기름진, 느끼한

오늘 하루 종일 피자가 땡겼어요.
I've been craving pizza all day long.

* 동사 crave는 좀 더 수준이 높은 대화에서 다음처럼 쓰이기도 합니다.
  Children crave the attention of their parents. 아이들은 부모님의 관심을 받고 싶어 합니다.
  That guy always craves attention. 저 사람은 언제나 관심을 받고 싶어 합니다.(어디에 가든 주인공이 되고 싶어 합니다.)

2 | In the mood for ~ ~이 먹고 싶은

나는 피자가 먹고 싶어.
I'm in the mood for pizza.

나는 샐러드가 먹고 싶어.
I'm in the mood for salad.

나는 맥주가 마시고 싶어.
I'm in the mood for a beer.

맥주 마시고 싶어?
Are you in the mood for a beer?

* 이때 crave가 in the mood for보다 더 강한 표현입니다.

저는 멕시코/중국 음식이 먹고 싶어요.
I'm in the mood for Mexican/Chinese (food).

* Mexican/Chinese 뒤에 food를 쓰지 않아도 멕시코 음식/중국 음식이라는 의미가 됩니다.

A: 중국 음식 먹고 싶어요?
Are you in the mood for Chinese?

B: 저는 일주일 내내 중국 음식이 땡겼어요.
I've been craving Chinese all week.

3 | I could really go for ~. ~가 정말 먹고 싶어요.

지금 정말 맥주가 마시고 싶어요.
I could really go for a beer right now.

좋은 와인 한 잔이 정말 마시고 싶어요.
I could really go for a nice glass of wine.

a glass of ~ 한 잔

정말 피자 한 조각이 먹고 싶어요.
I could really go for a slice of pizza.

* 이 표현은 너무 먹고 싶어서 당장 나가서 살 수도 있다는 의미로 암기해 두면 좋습니다.
  It's so hot outside. I could really go for a beer. 날씨가 정말 덥습니다. 맥주가 정말 마시고 싶어요.
  a slice of ~ 한 조각

지금 당장 햄버거가/피자 한 조각이 정말 먹고 싶어요.
I could really go for a burger/a slice of pizza right now.

4 | I've got a hankering for ~. ~이 땡겨.

저는 타코가 땡겨요.
I've got a hankering for tacos.

hanker (동)갈망하다 | hankering (명)갈망

저는 맥주가 땡겨요.
I've got a hankering for a beer.

느끼한/매운 무언가가 땡겨.
I've got a hankering for something greasy/spicy.

5 I need ~. ~이 필요해요.

저는 지금 아주 시원한 맥주가 정말로 필요해요.
I really need an ice-cold beer right now.

ice-cold 얼음처럼 차가운, 아주 찬

+ Plus

A: 오늘 퇴근하고 뭐 좀 먹으러 갈 시간 있어?
Do you have time to grab a bite to eat after work today?

B: 그럼. 뭐 먹고 싶어?
Sure. What are you in the mood for?

A: 하루 종일 타코가 땡기더라.
I've been craving tacos all day.

1 **Moving 감동적인 / Move 감동시키다**

그건 너무 감동적이었어요!

It was so moving!

* 원래 표현은 It moved my heart.(그것이 제 마음을 움직이게 했어요.)인데 지금은 줄여서 It was moving.이라고 말합니다.
  한편 I moved.(나는 이사했다.)에 쓰인 move는 전혀 다른 뜻을 나타냅니다.

오바마 대통령의 연설은 매우 감동적이었다.

President Obama's speech was so moving.

내 연주 감동적이었지, 그렇지 않았어?

My performance was moving, wasn't it?

performance 공연, 연주회

그 영화는 무척 감동적이었어.

That film was so moving.

film 영화, 필름

그 영화는 무척 감동적이었어.

That movie was so moving.

* 발음이 비슷한 movie와 moving을 같이 쓰는 게 어색하지만 이 문장도 맞는 문장입니다.

가사가 정말 감동적이었어요.

The lyrics were so moving.

lyrics (노래의) 가사

그는 아름다운 교향곡에 감동받았어요.

He was moved by the beautiful symphony.

* 동사 move가 '감동시키다'라는 뜻을 나타내어 be moved(감동받다)를 써서도 표현할 수 있습니다.

  symphony 교향곡, 심포니

아름다운 연주가 그를 감동시켰다.

The beautiful performance moved him.

멋진 경치가 그를 감동시켰다.

The magnificent scenery moved him.

magnificent 멋진, 웅장한, 대단한
scenery 경치, 풍경

아름다운 노을이 그를 크게 감동시켰다.

The beautiful sunset moved him deeply.

sunset 일몰, 저녁 노을
deeply 깊이, 크게

그는 아름다운 노을에 감동받았다.

He was moved by the beautiful sunset.

저는 그가 한 말에 감동받았어요.

I was moved by what he said.

저는 그가 (저를 위해) 한 행동에 감동받았어요.

I was moved by what he did (for me).

저는 당신이 한 말에 감동받았어요.

I was moved by what you said.

---

2 Touching 감동적인 / Touch 감동시키다

저는 감동받았어요.
I was touched.

* touch는 동사로 '감동시키다'라는 뜻을 나타내며 touching은 형용사로 '감동적인'이라는 의미를 나타냅니다.

저는 연주의 아름다움에 감동받았습니다.
I was touched by the beauty of the performance.

beauty 아름다움, 미

그건 정말 감동적이었어요!
It was so touching!

* 본래 It touched my heart.라고 말하는데 줄여서 It was touching.이라고 표현합니다.

+ Plus

A: 와우, 그 영화 완전 감동적이었어! 나 거의 울 뻔했어.
Wow, that film was so touching! I almost cried.

B: 나도. 아버지 역할을 한 배우는 정말 재능이 있어.
Me too. The actor who played the father was so talented.

play (연극, 영화 등에서) 연기하다 | talented 재능 있는

A: 내 생각에 그 사람 다른 영화에서도 본 것 같아. 그 사람 나온 다른 영화들 뭐 있지?
I think I've seen him somewhere else. What other movies has he been in?

B: 맞아! 그 사람 작년에 같은 감독이 만든 다른 영화에도 나왔어.
That's right! He was in another movie by the same director that came out last year.

come out 나오다

62편 '그때그때 달라요'를 영어로!

1 | It depends on ~. ~에 따라 달라요.

날씨에 따라 다릅니다.

It depends on the weather.

* on을 발음할 때는 o를 길게 발음하여 [오]처럼 소리내지 말고 [어]에 가깝게 발음해야 합니다. o를 길게 발음하게 되면 아래 예문에 나오는 own처럼 들릴 수 있습니다.
I own a house. 저는 집을 가지고 있습니다.
Do you own a car? 당신은 차를 가지고 있습니까?

A: 그거 살 거예요 안 살 거예요?

Are you going to buy it or not?

B: 가격에 달려 있어요. / 그게 얼마인지에 달려 있어요.

It depends on the price. / It depends on how much it costs.

price 가격 | cost (비용이 얼마) 들다

A: 이번에 일본 여행 갈 건가요?

Are you going on a trip to Japan this time?

B: 티켓이 얼마인지에 달려 있어요. / 티켓 가격에 달려 있어요.

It depends on how much the tickets cost. / It depends on the ticket price.

* '그때그때 다릅니다.'라고 할 때 It varies from time to time.이라고 표현해도 되지만 It depends on~.을 더 많이 사용합니다.

그것이 얼마나 어려운지에 달려 있습니다.

It depends on how hard it is.

hard 어려운, 힘든

그것은 난이도에 달려 있습니다.

It depends on **the difficulty level.**

difficulty 어려운 정도
level 수준, 단계

A: 제가 미국 대학에 갈 수 있을 거라고 생각하세요?

Do you think I would be able to go to college in the States?

B: 그것은 당신의 영어 실력에 달려 있어요.

It depends on **your English ability.**

ability 능력, 기량

A: 토플은 쉬운가요?

Is the TOEFL easy?

B: 그것은 당신의 영어 능숙도에 달려 있어요.

It depends on **your English proficiency.**

proficiency 능숙도

그것은 당신의 한국어 능숙도에 달려 있습니다.

It depends on **your Korean proficiency.**

A: 내일 야외로 나갈 건가요?

Are you going to head out to the country tomorrow?

head out 나가다, 출발하다
country 교외, 시골

B: 내가 몇 시에 일어나느냐에 달려 있어요.

It depends on **what time I wake up.**

wake up 일어나다, 깨다

---

2   It depends... 그때그때 달라요.(변수가 많아요.)

A: 살을 빼는 데 얼마나 걸릴까요?

How long does it take to lose weight?

lose weight 살을 빼다

B: 그때그때 달라요.

It depends...

A: 부산에 가는 데 비용이 얼마나 들어요?

How much does it cost to get to Busan?

get to ~에 이르다, 도착하다

B: 그때그때 달라요.

It depends...

A: 어디에 달려 있죠?

What does it depend on?

* 참고로 동사 depend는 '신뢰하다'라는 뜻도 가지고 있어서 He's very dependable.은 '그는 매우 신뢰할 수 있는 사람이다.' 라는 의미를 나타냅니다.

+ Plus

A: 제가 기타를 배우는 데 얼마나 걸릴 것 같다고 생각하세요?

How long do you think it'll take me to learn guitar?

B: 당신이 얼마나 자주 연습하느냐에 달렸겠죠.

That will depend on how often you practice.

practice 연습하다

1 Hold a grudge 뒤끝 있다

그는 뒤끝이 없어요.

He doesn't hold a grudge.

* grudge[grʌdʒ]를 말할 때 특히 발음에 유의해야 합니다. village[vɪlɪdʒ]의 경우와 비슷하게 우리말로는 [그러즈]에 가깝게 발음해야 합니다.

grudge 원한, 유감, 악의

다행히도 그 사람은 뒤끝이 없습니다.

Luckily, that guy doesn't hold a grudge.

luckily 운 좋게, 다행히도

A: 내가 어제 그와 말다툼을 좀 했어. 그것 때문에 걱정이 돼. 마음에 걸리고 여전히 신경이 쓰여. 어떻게 해야 해?

I got in a little argument with him yesterday. I'm worried about it. It's on my mind. It's still bothering me. What should I do?

get in an argument with ~와 말다툼을 하다
on my mind 마음에 걸리는
bother 신경 쓰이게 하다

B: 걱정하지 마. 그 친구는 뒤끝이 없어.

Don't worry about it. That guy doesn't hold a grudge.

그 친구는 항상 뒤끝이 있습니다.

That guy always holds a grudge.

그는 뒤끝이 없습니다.

He doesn't hold grudges.

* '뒤끝이 있다'라고 할 때 a grudge를 복수 형태로도 쓸 수 있어 hold grudges라고도 할 수 있습니다.

〈그는 나에게 와서 몇 주 전에 있었던 일에 대해 사과하고 싶어 했습니다.〉
He came up to me and wanted to apologize for something that happened a few weeks ago.

걱정 마세요. 나는 뒤끝 없어요. 각자의 삶으로 넘어갑시다.
Don't worry about it, man. I don't hold grudges. Let's move on with our lives.

move on ~으로 넘어가다, 옮기다

2 | Holding a grudge over/about ~ ~에 대해 화나 있는

당신은 아직도 그것 때문에 화나 있나요?
Are you still holding a grudge about that?

당신은 아직도 지난번에 일어났던 일 때문에 화나 있나요?
Are you still holding a grudge about what happened to you last time?

그는 아직도 고등학교 때 있었던 일에 대해 화나 있어.
He's still holding a grudge over what happened in high school.

* 여기서 over는 '~에 대해서'라는 의미를 나타냅니다.

그는 아직도 너에게 그 일자리를 잃게 된 것에 대해 화나 있어.
He's still holding a grudge over losing that job to you. /
He's still holding a grudge against you over losing that job.

lose 잃다

지난번 내가 늦은 것 때문에 아직도 화나 있는 거야?
Are you still mad that I showed up late last time?

mad 화가 난, 미친
show up 나타나다

그것 때문에 아직도 화나 있는 거야?
Are you still holding a grudge over **that?**

A: 너 걔랑 화해할 수 있었어?
Were you able to patch things up with him?

patch ~ up with ~와의 관계를 수습하다

B: 아니, 너 걔 어떤지 알잖아.
Nah, you know how he is.

A: 걔 항상 뒤끝 있는 거? 응, 나도 알지.
You mean how he always holds a grudge? **Yeah, I know.**

B: 아마도 그냥 걔한테 시간을 줘야 할까 봐.
Maybe I should just give him some time.

A: 그래, 모든 건 시간이 지나면 스스로 해결되니까.
Yeah, everything works itself out in time.

work itself out 일이 알아서 풀리다

64편 '나 만만한 사람 아니야'를 영어로!

+ Introduction

원어민들은 말할 때 구어체로 라틴어에서 온 한 단어보다 동사구로 말하는 것을 더 선호합니다.

They reconciled. / They made up. 그들은 화해했어요.

* 둘 다 맞는 표현이지만 made up을 더 많이 사용합니다.

When did you two make up? 둘이 언제 화해했어?

* She got made up for the party. 그녀는 파티를 위해 화장했다.
여기서 make up은 '화장하다'라는 뜻이며 makeup은 명사로 '화장품'이라는 의미입니다. makeup, breakup, takeover, makeover 등은 모두 두 단어에서 하나의 명사형으로 바뀐 단어들입니다.

1 Pushover 만만한 사람

그는 만만한 사람입니다.

He's a pushover.

* push someone over 누군가를 넘어뜨리다
I pushed him over. (= I knocked him over.) 내가 그를 넘어뜨렸다.
push over에서 만들어진 명사 pushover는 '쉽게 이길 수 있는 상대(쉽게 툭 치면 넘어지는 사람)'를 나타냅니다.

저 친구는 완전히 만만한 사람입니다!

That guy's a complete pushover!

complete 완벽한, 완전한

저 친구는 만만한 사람이 아닙니다!

That guy's not a pushover! / That guy's no pushover!

* 부정문은 이렇게 두 가지 형태로 만들 수 있습니다.

나 만만한 사람 아니야!
I'm not a pushover! / I'm no pushover!

너 조심해야 할 거야. 나 만만한 사람 아니야.
You'd better be careful. I'm no pushover.

careful 조심하는, 주의 깊은

조심해! 그는 만만한 사람 아니야!
Watch out! He's no pushover!

Watch out 조심해

조심해! 그 친구는 만만한 사람 아니야!
Be careful! That guy's no pushover!

저를 뭘로 봤어요? 만만한 사람?
What did you take me for? A pushover?

take 받아들이다

당신은 저를 만만한 사람으로 본 것 같아요.
I guess you took me for a pushover.

guess ~이라고 생각하다, 여기다

저를 만만하게 보지 마세요!
Don't take me for a pushover!

사장님은 친절해요. 하지만 만만한 사람으로 착각하지는 마세요.
The boss is kind. But don't mistake him for a pushover.

mistake 착각하다, 오해하다

제가 만만한 사람일 거라고 생각했어요?
Did you think I would be a pushover?

* 사전에서는 가끔 pushover를 '아주 쉬운 일'로 해석하기도 하는데 요즘은 이 뜻으로는 거의 사용하지 않습니다.
  '아주 쉬운 일'을 표현할 때는 It's a walk in the park. / It's a piece of cake. 등으로 말할 수 있습니다.

감독님은 완전히 만만한 사람입니다.

The director is a total pushover.

total 완전한, 전체의

그는 당신이 원하는 것을 무엇이든지 줄 겁니다. 그는 당신의 요구 사항을 충족시킬 것입니다. 그는 당신이 요청하는 모든 것을 줄 것입니다. 그는 완전히 만만한 사람입니다.

He will give you whatever you want. He will meet your demands. He will give you whatever you're asking for. He's a complete pushover.

meet (필요나 요구 등을) 충족시키다
demand 요구 사항
ask for 요청하다, 부탁하다

+ Plus

A: 나는 그 사람에게 그 동안 내내 호구밖에 안 됐었나 봐.

Guess I've been nothing more than a pushover to him all along.

B: 너 드디어 그걸 알았어? 내가 너한테 계속 말해 왔잖아.

You finally figured that out? I've been telling you that for years.

figure ~ out ~을 알아내다

A: 내 자신을 옹호하는 법을 배워야 할 것 같아.

I guess I just need to learn how to stand up for myself.

stand up for ~을 지지하다, 옹호하다

B: 맞아. 공격적인 건 절대로 좋은 게 아니지만 적극적으로 자기 주장을 내세우는 건 잘못될 게 없어.

Yeah, being aggressive is never good, but there's nothing wrong with being assertive.

aggressive 공격적인
assertive 적극적인, 확신에 찬

+ Introduction

마이클이 오렌지 카운티에서 촬영하고 있습니다.

shoot
(영화나 사진을) 촬영하다

I'm planning on shooting a lot of videos while I'm here. And I'm going to make use of our backyard.

저는 여기 있는 동안 많은 비디오를 촬영할 계획입니다. 그리고 우리 뒷마당을 이용하려고 합니다.

plan on ~할 계획이다 | make use of ~을 이용하다

---

* 한국 사람들은 '선배'나 '후배'를 얘기할 때 흔히 senior, junior를 써서 말하는데 원어민들은 이렇게 말하지 않습니다. 이런 경우에는 '선배'를 의미하는 superior, supervisor를 써서 표현합니다.

He's my superior. / He's my supervisor. / He has more seniority. / He has seniority over me. 그는 제 선배입니다.

---

* senior, junior가 명사형으로 쓰일 때는 아래 예문에서처럼 각각 '4학년', '노인' / '3학년'이라는 뜻을 나타냅니다.

He's a senior (in college). 그는 (대학교) 4학년입니다.

He's a junior in high school. 그는 고등학교 3학년입니다.

This facility is for seniors. 이 시설은 노인들은 위한 것입니다.

~ years someone's senior ~보다 ~살 연상인 / ~ years someone's junior ~보다 ~살 연하인

그는 다섯 살 연상인 사람과 데이트합니다.
He's dating someone five years his senior.

date ~와 데이트를 하다

그는 다섯 살 연상인 여성과 데이트합니다.

He's dating a woman (who is) five years his senior.

저는 열 살 연상인 사람과 데이트합니다.

I'm dating someone ten years my senior.

저는 다섯 살 연하인 사람과 사귑니다.

I'm seeing someone five years my junior.

see 보다, 알다, (애인으로) 만나다

그는 여섯 살 연하인 사람과 사귑니다.

He's seeing someone six years his junior.

그녀는 그보다 두 살 연하입니다.

She's two years his junior.

그녀는 나보다 다섯 살 연상입니다.

She's five years my senior.

그가 데이트하는 여자는 그보다 다섯 살 어립니다.

The woman he's dating is five years younger than him.

* '~보다 ~살 어리다'라는 뜻으로 ~ years younger than ~ 으로도 표현할 수 있습니다.

그녀는 다섯 살 연하인 사람과 사귑니다.

She's seeing someone five years her junior.

그녀는 스무 살 연상인 남자와 결혼했습니다.

She married a man twenty years her senior.

marry 결혼하다

+ Introduction

I'm watching the Olympic. (X)
I'm watching the Olympics. (O) 저는 올림픽을 보고 있습니다.

Olympic
(형)올림픽의

He's an Olympic swimmer.

그는 올림픽 수영 선수입니다.

I enjoy Olympic swimming.

저는 올림픽 수영을 즐깁니다.

He's an Olympic athlete.

그는 올림픽 선수입니다.

Olympics
(명)올림픽

Are you enjoying the Olympics?

올림픽을 즐기고 계시나요?

Do you care about the Olympics?

올림픽에 관심이 있나요?

I don't really care about the Olympics.

저는 올림픽에 그다지 관심이 없어요.

Since the Olympics are in full swing right now,
I thought today's expression would be timely and
pertinent.

올림픽이 지금 한창 진행 중이기 때문에 오늘의 표현이 시기적으로 알맞고 적절하다고 생각했습니다.

in full swing 한창 진행 중인 | timely 시기에 알맞은 | pertinent 적절한, 타당한

---

1 | Pull for 응원하다

당신은 누구를 응원합니까?
Who are you pulling for?

* pull for는 '평상시에 ~를 응원하다'라는 의미입니다. 한국 사람들은 '응원하다'라고 말할 때 흔히 cheer, support 등의 단어
  를 생각하는데 cheer은 실제로 일어나서 박수치고 소리 지르는 행동을 한다는 의미입니다. 따라서 옆에서 실제로 응원하고 있
  는 사람이 있다면 다음과 같이 질문할 수 있습니다.
  Who are you cheering for? 누구 응원하세요?

당신은 올림픽에서 누구를 응원합니까?
Who are you pulling for at the Olympics?

당신은 어떤 팀을 응원합니까?
Which team are you pulling for?

* 원어민의 입장에서는 이런 상황에 쓰기에 support는 너무 격식 차린 어휘이고, 잘못 사용하면 실제로 지원하거나 협찬하는 것
  으로 생각될 수 있습니다.

2 | Root for 응원하다

A: 누구 응원하세요?
Who are you rooting for?

B: 한국팀을 응원합니다.
I'm rooting for Team Korea.

* '한국팀'이라고 할 때 Korea Team이 아니라 Team Korea가 맞는 표현입니다.
  Go Team Korea! 한국팀 파이팅!
  The Olympic athlete, Michael Phelps, is part of Team USA. 올림픽 대표 선수인 마이클 펠프스는 미국 선수단입니다.

A: 누구를 응원하세요?
Who are you rooting for?

B: 저는 그들이 이기지 못할 거라는 걸 알지만 항상 Rockies를 응원합니다.

I always root for the Rockies, even though I know they won't win.

even though 비록 ~일지라도

저는 항상 홈팀을 응원합니다.

I always root for the home team.

* The seventh-inning stretch는 '7회의 다리 뻗기' 즉 자기가 응원하는 팀이 7회 공격에 들어가기 전에 일어서서 다리를 쭉 뻗으며 몸을 푸는 것을 말하는데 이때 'Take Me Out to the Ball Game'이라는 노래를 부릅니다. 그 가사 중에 Root, root, root for the home team. If they don't win, it's a shame. (홈팀을 응원하세요. 그들이 이기지 못하면 그건 아쉬운 일입니다.) 이라는 표현이 나옵니다.

난 단지 내가 항상 너를 응원하고 있다는 걸 알아줬으면 해.

I just want you to know that I'm always rooting for you.

* 우리가 흔히 '존경하는 사람'을 멘토(mentor)라고 말하는데 mentor[méntɔːr] 발음에 주의해야 합니다. 반드시 r발음을 살려 [멘토ㄹ]하고 말해야 합니다. 그냥 [멘토]라고 하면 mentos라는 사탕 이름으로 이해하게 됩니다.

전교생이 그를 응원하고 있습니다.

The whole school is rooting/pulling for him.

* 문법에서 목적격을 나타낼 때 whom을 썼던 것이 이제는 점점 사라지고 대신에 who를 사용합니다. 물론 연설문에서 격식적인 말투로 얘기할 때 또는 한 문장 안에 주격, 목적격이 같이 들어갈 때 등 특정한 경우에는 whom을 쓰기도 합니다.
Who gave what to whom? 누가 무엇을 누구에게 주었습니까?
Whom are you rooting/pulling for? (x) Whom과 root/pull for가 어울리지 않아 이렇게 쓰지 않습니다.
Who are you rooting/pulling for? (O)　Whom do you support? (O)

〈미국에서는 대선이 한창 진행 중입니다. 미국 대선이 이제 몇 달밖에 남아 있지 않습니다. 주요 후보들이 선거 운동을 하고 있습니다. 선거 운동이 한창 진행 중입니다.〉
The Presidential election is also in full swing. The Presidential election is just a few months away. The main candidates are campaigning. The campaign season is in full swing.

나는 힐러리를 응원해.

I'm rooting for Hillary. / I'm pulling for Hillary.

나는 힐러리 지지자야.

I'm a supporter of Hillary. / I'm a Hillary supporter.

67편

'화풀이하다'를 영어로!

+ Introduction

So we're filming today, expression of the day, and it's been a while...

오랜만에 오늘의 표현을 촬영하고 있습니다.

* 영어에서 been의 모음은 장음 [빈:]으로 발음하지 않습니다. [빈:]으로 발음하면 보통 bean(콩)을 생각하기 때문이죠. been 을 발음할 때는 사람 이름 중 하나인 Ben [벤] 또는 bin [빈]처럼 단음으로 발음해야 합니다.

I've been wanting to do this lecture for a while.

저는 오랫동안 이 강의를 하고 싶었습니다.

* want는 예전에는 진행형으로 쓰지 않았지만 지금은 진행형의 형태로 자주 사용합니다.

I've been wanting to check out that restaurant for a long time.

오랫동안 저 식당에 가 보고 싶었습니다.

I'm lovin' it!

나는 그걸 좋아해!

* 예전에는 I love it.만을 썼지만 요즘에는 진행형으로도 쓰는데 이것은 좀 더 편한 사이에 쓰는 영어입니다.

I've been loving that song.

그 곡을 좋아해 왔어.

I've been loving living here.

여기에서 사는 걸 좋아해 왔어.

I've been wanting to do this lesson for a while and without further ado...

오랫동안 이 수업을 하고 싶었습니다. 이제는 미루지 않고 시작하겠습니다.

without further ado 지체 없이, 더 이상의 말 없이

---

1 | Take it out on someone ~에게 화풀이하다

나한테 화풀이하지 마!
Don't take it out on me!

* 여기서 it은 '안 좋은 일', '안 좋은 감정'을 의미합니다.

네가 정말 화난 건 알겠는데 나한테 화풀이해서는 안 돼.
I know you're really upset, but it's not OK for you to take it out on me.

우리 아버지가 요즘 직장에서 스트레스를 많이 받고 계세요. 안타깝게도 그는 받는 만큼을 우리에게 화풀이를 많이 하시죠. 그렇다 하더라도 그는 가족에게 화풀이를 해서는 안 돼요.
My father has been under a lot of stress at work recently.
But, unfortunately, he turns around and takes it out on us.
Even so, he shouldn't take it out on his family.

be under stress 스트레스를 받고 있다
unfortunately 안타깝게도, 불행히도
even so 그렇기는 하나, 그렇다 하더라도

우리 아버지는 항상 우리에게 자신의 화를/스트레스를 풀어요.
My father's always taking his anger/stress out on us.

* it 대신에 anger 또는 stress를 구체적으로 써 주기도 합니다.

네가 해고당해서 정말 슬픈 거 알아. 하지만 그건 내 잘못이 아니야! 나에게 화풀이하지 마!
I know you're really sad because you got fired.
But it's not my fault! Don't take it out on me!

get fired 해고되다
fault 잘못, 책임

2 | Vent on someone ~에게 화풀이하다

나에게 화풀이하지 마!
Don't vent (your anger) on me!

* vent가 명사로 쓰이면 '구멍', '통풍구'라는 뜻을 나타내고 동사로는 '화풀이하다'라는 의미입니다.

너에게 화풀이해서 미안해.
I'm sorry I've vented on you.

나 지금 화를 풀어야 해.
I've got to vent right now.

저에게는 지금 억눌린 분노가 있습니다. 전 지금 화를 풀어야 할 필요가 있어요. 제 말을 들어 줄래요?
I've got a lot of pent-up anger. I really need to vent right now. Would you mind listening?

PLUS blame은 '~를 탓하다', '~에게 책임 지우다'라는 뜻입니다.
Don't blame me for your mistakes! 네 잘못이니 내 탓 하지 마!
A: I got fired today because of you! 오늘 내가 당신 때문에 해고당했어요!
B: Don't blame me for that! 나보고 책임지라고 하지 마세요!

pent-up 억눌린, 마음에 쌓인

+ Introduction

오늘 강의는 거실에서 진행합니다.

family room vs. living room
거실

We only use the living room on special occasions.
우리는 특별한 경우에만 거실을 사용합니다.

* family room은 흔히 TV가 있고 가족들이 DVD를 보거나 게임을 하는 등 함께 쓰는 방이고, living room은 특별한 일이 있거나 특별한 손님이 와서 이야기를 나누는 곳으로 보통 벽난로나 소파가 놓인 손님 접대용 방을 말합니다.

1 Eavesdrop 엿듣다

그는 항상 내 얘기를 엿듣는다.
He's always eavesdropping on me.

* eavesdrop은 허락 없이 남의 이야기를 듣는 것으로 부정적인 의미가 담겨 있습니다.
eavesdrop on ~을 엿듣다

그는 내 대화를 엿듣고 있다.
He's eavesdropping on my conversations.

conversation 대화

우리 엄마는 내 대화를 엿듣곤 했어요.
My mom used to eavesdrop on my conversations.

used to ~하곤 했다

우리 엄마는 항상 내 전화 통화를 엿듣곤 했어요.
My mother used to always eavesdrop on my telephone calls.

telephone call 전화 통화

엿듣지 마세요!
Stop eavesdropping!

그는 항상 엿들어요.
He's always eavesdropping.

내 대화를 엿들으려고 하지 마세요.
Don't try to eavesdrop on my conversation.

try to ~하려고 노력하다

이웃의 대화를 엿들으려고 했지만 명확하게 들을 수 없었어요.
I was trying to eavesdrop on the neighbor's conversation, but I couldn't hear it clearly.

clearly 분명히, 명확하게

---

2 | Overhear 우연히 듣다

우연히 당신의 대화를 들었는데 당신이 발레에 관심이 많은 것 같네요.
I overheard your conversation and it sounds like you're interested in ballet.

* overhear에서 over는 '과도한', '지나친'이 아니라 '너머', '넘어서'라는 의미를 나타내며 귀 기울여서 의도적으로 듣는 것이 아니라 자연스럽게 다른 사람의 대화가 들려 오는 것을 말합니다.

sound like ~인 것 같다, ~처럼 들리다
be interested in ~에 관심이 있다

저는 당신이 그만둘 생각을 한다고 말하는 것을 우연히 들었어요.
I overheard you say that you're thinking about quitting.

think about ~에 대해 생각하다
quit 그만두다

전에 우연히 당신이 사장님께 말하는 것을 들었어요. 정말 그만둘 건가요?
I overheard what you said to the boss earlier. Are you really going to quit?

* listen vs. hear
  listen 듣다(들으려고 노력하는 것)
  hear 들리다(자연스럽게 들리는 것)
  earlier 이전에, 더 일찍

3 Cheat 부정행위를 하다 / Steal a glance 몰래 보다 / Spy on 염탐하다

그는 시험에서 부정행위를 하고 있었어요.
He was cheating on the test.

그는 계속해서 제 시험지를 몰래 보려고 했어요.
He kept trying to steal a glance at my test paper.

제 시험지를 몰래 보려고 하지 마세요.
Stop trying to steal a glance at my paper.

그는 항상 이웃들을 염탐합니다.
He's always spying on the neighbors.

spy on someone ~를 염탐하다

저를 염탐하려고 하지 마세요!
Stop trying to spy on me!

69편

'Blue-collar, White-collar, Redneck'이란?

+ Introduction

마이클이 미국 라스베이거스 호수 앞에서 촬영하고 있습니다.

Welcome to Lake Las Vegas!
라스베이거스 호수에 오신 것을 환영합니다!

It's an artificial/man-made lake.
그것은 인공호수예요.
artificial 인공의, 인위적인 | man-made 사람이 만든, 인공의

---

oasis
오아시스, 안식처
* 발음은 [ouéisis]로 우리말로 하면 [오에이시스]에 가깝습니다.

reservoir
저수지

---

1 Blue-collar 육체 노동자의, 블루칼라의

생산직/공장 일자리
Blue-collar jobs

* collar는 '윗옷의 칼라, 깃'을 뜻하는 말로 Blue-collar는 보통 공장에서 일하는 사람들의 작업복 색깔이 파란 것에서 비롯된 말입니다. 이 단어는 약간 낮추는 말처럼 들릴 수 있으므로 주의해야 합니다.

저곳은 공장 지역이야.
That's a blue-collar area.
area 지역, 구역

우리 아버지는 내가 어릴 적에 대부분 육체노동을 하셨어.
My father mostly did blue-collar work when I was growing up.

육체노동 일자리치고는 월급이 괜찮네.
It pays well for a blue-collar job.

---

2 · White-collar 사무직 노동자의, 화이트칼라의

화이트칼라의 범죄
White-collar crime

* 변호사, 사무원 등 비즈니스하는 사람들의 와이셔츠 칼라가 하얀색인 것에서 비롯된 말입니다.
* embezzlement(횡령), bribery(뇌물수수) 등이 white-collar crime에 해당됩니다.
  crime 범죄, 죄

새로운 지방 검사는 화이트칼라 범죄를 엄중 단속하겠다고 약속했다.
The new district attorney has promised to crack down on white-collar crime.

district 지방, 지역
crack down on ~을 엄중 단속하다

화이트칼라 범죄의 흔한 예로는 뇌물수수, 횡령, 산업 스파이 행위가 있다.
Common examples of white-collar crime are bribery, embezzlement and coporate espionage.

espionage 스파이 행위

---

3 · Redneck 시골에 사는 보수적인 백인 노동자/무식한 백인 노동자

저 사람은 시골뜨기야.
That guy's a redneck.

* 들이나 농장에서 몸을 숙여 일을 하다 보면 햇볕에 목이 그을러 빨갛게 되는 것에서 비롯된 말로 농민, 노동자를 비유하는 표현입니다. 시골에 사는 사람을 낮추는 말이지만 많이 접할 수 있는 단어입니다. 친구 사이에 놀리는 말로 쓸 수 있지만 모르는 사람에게는 써서는 안 됩니다.

그는 시골뜨기야.

He's a redneck.

* country bumpkin도 '시골뜨기'라는 뜻의 말로 낮추는 말입니다.

너 Redneck Comedy Tour(시골 코미디 투어)라고 들어봤어? 걔네들 정말 웃겨!

Have you ever heard of the Redneck Comedy Tour? Those guys are so funny!

+ Plus

우리 아버지는 우리를 시골뜨기라고 부르시곤 했지만 다른 사람들이 우리를 그렇게 부르면 진짜
화를 내시곤 했어.

My daddy used to call us all a bunch of rednecks, but if anyone else ever called us that, he would get really mad.

a bunch of 다수의

그 음악을 '촌뜨기 음악'이라고 불렀었지만 이제는 컨트리 음악이라고 부른다.

They used to call that music "hillbilly music." Now they call it country music.

hillbilly 촌뜨기

나는 사무직 관련 일자리를 가지기 위해 버티고 있었지만 지금은 무슨 일자리가 되었든 다 받아들
이려고 한다.

I was holding out for a white-collar job, but right now, I'll take just about anything.

hold out for ~을 끝까지 요구하다

열심히 일하는 시골 사람들을 '시골뜨기'나 '촌뜨기'라고 부르는 것은 예의 바르지 않다.

It's not polite to call hard-working country people "rednecks" and "hillbillies."

+ Introduction

마이클이 미국 캘리포니아주 리버사이드 카운티에 있는 도시 테메큘라에 대한 설명을 하고 있습니다. 테메큘라는 포도주 양조장으로 유명한 곳입니다.

Welcome to Temecula, California. 캘리포니아 테메큘라에 오신 것을 환영합니다.

Temecula is part of the Inland Empire. 테메큘라는 인랜드 엠파이어의 한 지역입니다.

The area is famous for its many wineries. 이 지역은 많은 포도주 양조장으로 유명해요.

be famous for ~으로 유명하다 | winery 포도주 양조장

1 For good 아예(영원히)

* 영원히 그만두는 상황, 헤어지는 상황, 회사를 바꿀 때 등의 경우에 사용할 수 있어요.

(미국으로) 아예 가는 거예요?
Are you going for good?

(미국으로) 아예 떠나는 거예요?
Are you leaving for good?

* 더 강조하고 싶으면 '영원히'라는 뜻의 forever와 eternally도 쓸 수 있습니다.

A: 나 어제 회사 그만뒀어. 난 참을 만큼 참다가 그만둔 거야.
I quit my job yesterday. I had had enough and I quit my job.

quit 그만두다, 관두다 | have enough 참을 만큼 참다

B: 너 아예 그만뒀어?
Did you quit for good?

* for real은 '진짜의', '진심의'라는 의미입니다.

우리 아예 헤어지는 거야?
Are we breaking up for good?

* 애인에게 아예 헤어지는 거냐고 물을 때도 쓸 수 있어요.
  break up ~와 헤어지다

그는 아예 간 것 같아. 이민을 가서 우리나라를 떠난 것 같아.
I think he's gone for good. I think he emigrated and left the country.

그는 아예 떠난 것 같아. 정말 가버린 것 같아.
I think he has left for good. I think he's really gone.

+ Plus

A: 오, 너 돌아왔구나! 난 네가 이번에는 아예 가버린 거라고 생각했는데!
Oh, you came back! I thought you were gone for good this time!

B: 맞아, 돌아올 계획은 없었는데 연봉 인상을 두둑하게 해 줘서 마음을 바꿔먹었어.
Yeah, I wasn't planning on coming back but they offered me a hefty raise, so I changed my mind.

hefty 두둑한, 고액의

A: 그래서 다들 돈이 최고라고들 하나 봐.
I guess that's why they say money talks.

money talks 돈이면 다 된다

71편 '핑계 대지 마'를 영어로!

+ Introduction

마이클이 인스타그램에서 하는 강의에 대해 얘기하면서 일 분 안에 강의를 끝내야 한다는 이야기를 하고 있습니다.

make an effort
노력하다, 애쓰다

I made a great effort to finish on time.
저는 제시간에 마치기 위해 많은 노력을 했습니다.

---

fit ~ into
~을 …에 끼우다

I have to work really hard to fit everything into just a one-minute lecture.
단 일 분의 강의 안에 모든 것을 끼워 넣으려고 열심히 노력해야 해요.

---

stuff ~ into
~을 …에 채워 넣다

I try to stuff as much content into one minute as I can but it's challenging. It's fun.
일 분 안에 가능한 많은 내용을 집어 넣으려고 노력하고 있지만 힘듭니다. 재미도 있습니다.

content 내용, 목차 | challenging 힘든, 도전적인

---

*우리말에 '핑계, 변명, 해명, 설명, 근거' 등의 다양한 말이 있는 것처럼 영어에도 그렇습니다.

grounds / grounds for a decision
근거   판단에 대한 근거

reason / one's reasoning
이유   ~의 추리, 추론

What was the reasoning behind that decision?
어떤 추리에 따라 그 결정을 하게 되었나요?

one's thought process
~의 사고 과정

---

* 우리가 오늘 배울 말은 어려운 말이 아니라 편한 사이에 쓸 수 있는 말인 '핑계'입니다. '핑계'를 영어로 excuse라고 하는데 이 단어는 품사에 따라 발음이 달라집니다. 다음에 나오는 단어들도 같은 경우입니다.

estimate[éstəmèit]
(동)추정하다, 예상하다, 평가하다

I estimate it'll take about 30 minutes.
나는 시간이 30분 정도 걸릴 것으로 예상해.

estimate[éstəmət]
(명)견적서

I got an estimate for the car repairs.
나는 자동차 수리비 견적서를 받았어.

---

record[rikɔ́:rd]
(동)기록하다, 녹음하다

You need to record this.
당신은 이것을 녹음할 필요가 있어요.

record[rékərd]
(명)기록, 등록

It's a record.
그것은 기록물(음반)입니다.

---

advise[ædváiz]
(동)조언하다, 상담하다

I would advise this course of action.
저는 이 행동 방침에 대해 조언합니다.

advice[ædváis]
(명)조언, 충고

He gave me some advice.
그는 저에게 몇 가지 조언을 해 주었습니다.

* 여기서 주의할 것은 '조언'이라는 뜻의 명사형은 advices가 아니라 advice라는 것입니다.

He gave me a lot of advice.
그는 저에게 많은 조언을 해 주었습니다.

I appreciate all the advice he gave me.
그가 해 준 모든 조언에 대해 감사합니다.

---

excuse[ikskjú:z]
(동)용서하다, 봐주다

I excused/forgave his absence.
저는 그가 결석한 걸 용서해 주었습니다.

excuse[ikskjú:s]
(명)핑계,변명

I'm sick and tired of your excuses!
나는 네 핑계에 정말 진절머리가 나!

---

1 | Excuse 핑계, 변명

핑계 대다
Make excuses

핑계 대지 마!
Stop making excuses!

네 실수에 대해서 변명하려고 하지 마.
Stop trying to make excuses for your mistakes.

mistake 실수

A: 나는 친구를 보호해 주려고 노력하고 있었어. 그래서 변명을 했어.
I was trying to cover for/protect my friend. So I made some excuses.

cover for ~를 보호하다 | protect 보호하다, 지키다

B: 친구 대신해서 변명하지 마.
Stop making excuses for him.

계속해서 핑계 대지 마.
Stop making excuses all the time.

all the time 내내, 줄곧

네 변명은 소용없어.
Your excuses are useless.

useless 소용없는, 쓸모없는

(더 이상) 너의 변명은 나에게 안 통해.
Your excuses won't/don't work on me (any more).

work on ~에 효과가 있다, 작용하다 | any more 이제, 더 이상

네 변명은 들을 만큼 들었어.
I've heard enough of your excuses.

~에 대해 변명의 여지가 없다 / ~은 절대 안 되는 일이다
There's no excuse for ~

모든 LA경찰차에 붙은 스티커에는 '가정 폭력에는 어떠한 변명의 여지도 없다.'라고 쓰여 있다.

The bumper sticker on all LAPD patrol cars reads,
"There's no excuse for domestic violence."

bumper sticker 자동차 범퍼에 붙인 스티커 | domestic violence 가정 폭력

지각하는 데는 변명의 여지가 없다.

There's no excuse for being tardy.

tardy 지각한, 늦은

중요한 시험을 놓친 데는 변명의 여지가 없다.

There's no excuse for missing an important test.

miss 놓치다, 빗나가다 | important 중요한

거짓말하는 데는 변명의 여지가 없다.

There's no excuse for lying.

lie 거짓말하다

부모님께 거짓말하는 데는 변명의 여지가 없다.

There's no excuse for lying to your parents.

경찰에게 거짓말하는 데는 변명의 여지가 없다.

There's no excuse for lying to the police.

그건 믿기 힘든 변명이야.(속어)

That's a lame excuse.

lame 믿기 힘든, 설득력이 없는

그건 말도 안 되는 핑계네.(일반적인)

That's a ridiculous excuse.

ridiculous 말도 안 되는, 터무니없는

가장 친한 친구 생일파티에 안 간 건 핑계가 안 돼.
That's no excuse for missing your best friend's birthday party.

내 생일파티에 못 온 건 핑계가 안 돼.
That's no excuse for missing my birthday party.

직장에서 많이 바쁜 거 이해해. 하지만 (여전히) 우리 기념일을 잊은 건 핑계가 안 돼.
I understand things have been really hectic for you at work.
That's (still) no excuse for forgetting about our anniversary.

hectic 몹시 바쁜
forget 잊다
anniversary 기념일

(여전히) 내 생일을 잊었다는 건 핑계가 안 돼.
That's (still) no excuse for forgetting about my birthday.

2 | Explanation 설명 / Justification 타당한 이유(난이도가 높은 단어)

그는 그의 행동에 대한 매우 설득력 있는 설명을 내놓았다.
He offered a very persuasive explanation for his deeds.

persuasive 설득력 있는
deed 행동, 행위

그렇게 행동한 데는 타당한 이유가 없다.
There's no justification for acting that way.

act 행동하다
that way 그렇게, 그와 같이

72편 '이상형'을 영어로!

+ Introduction

마이클이 오늘 배울 단어인 ideal을 사용해서 촬영하는 주변 상황이 아주 완벽하지는 않다고 표현
합니다.

ideal 이상적인	**The conditions for filming/recording today are not exactly ideal.** 오늘 촬영 환경이 아주 이상적이지는 않습니다. condition 환경, 상황 **These aren't the ideal conditions for filming.** 촬영하기에 이상적인 환경은 아닙니다. **Ideal conditions / Optimal conditions** 이상적인 환경 / 최적화된 환경
put off 미루다	**I'm not going to put it off any longer!** 더 이상 미루지 않겠어요!

---

1 Dream girl/guy=Girl/Guy of my dreams 꿈의(이상형의) 여자/남자

꿈의(이상형의) 여자/남자/차/직업/집/휴가
Dream girl/guy/car/job/house/vacation

당신의 이상형의 여자/남자를 말하다
Describe your dream girl/guy

describe 말하다, 서술하다

이상형의 남자를 어떻게 설명할 수 있나요?
How would you describe your dream guy?

나는 마침내 이상형의 여자를 만났어!
I finally met my dream girl!

finally 마침내

그건 나의 이상적인 직업이야.
It's my dream job.

〈처음 누군가를 만났을 때 그에게 물어볼 수 있습니다.〉
When you meet someone for the first time you can ask him.

당신의 이상적인 직업이 뭐예요?
What's your dream job?

어렸을 때 당신은 무엇이 되고 싶었나요?
What did you dream about becoming when you were a kid?

become ~이 되다

내게 이상적인 직업은 ~예요.(아직 꿈을 쫓고 있는 중)
My dream job is...

내게 이상적인 직업은 ~였어요.(꿈을 포기한 경우)
My dream job was...

이상형의 여자를 방금 만난 것 같아요!
I think I just met the girl of my dreams!

* 소유격을 만들 때 일반적으로 's를 붙이게 되는데 of를 써서 표현하기도 합니다.
  This is a picture of you. 이거 네 사진이야.
  I've got a picture of you. 네 사진이 나왔어.
  이상형을 표현할 때 of를 이용해서 the girl/guy of my dreams로도 말합니다.
* 여기서 단순히 그 여자를 만났다는 것인지, 여자와 사귀게 되었다는 것인지는 문맥으로 알 수 있습니다.

저는 드디어 이상형의 여자를 만났어요.

I finally met the girl of my dreams.

당신의 이상적인 데이트에 대해 말해 보세요.

Describe your dream date.

* date는 '데이트 상대'를 가리키기도 하고 '데이트 코스'를 의미하기도 합니다.
  Do you have a date for the party? 파티에 같이 갈 파트너 있어?

---

2 Perfect girl/guy 딱 맞는 여자/남자

마침내 저에게 딱 맞는 여자를 만난 것 같아요!

I think I've finally met the perfect girl!

* perfect는 '완벽한'이라는 뜻이 있지만 여기서는 '나한테 딱 맞는'을 의미합니다.

그녀는 저에게 딱 맞는 여자 같아요.

I think she's the perfect girl for me.

* for 대신에 to를 쓸 수도 있지만 for를 더 많이 씁니다.

---

3 Ideal girl/guy 이상적인 여자/남자

내게 이상적인 여자/아내

My ideal girl/wife

당신의 이상적인 남편에 대해 말해 보세요.

Describe your ideal husband.

A: 당신의 이상적인 남편에 대해 말씀해 주세요.

Tell us about your ideal husband.

B: 그는 집안일을 도와주고, 설거지를 도와주고, 아이들 키우는 것을 도와줄 거예요. 그는 항상 저를 지지해 줄 거예요. 그는 항상 저를 응원할 거예요.

He would help out around the house, help wash the dishes, help raise the kids. He would always be supportive. He would always root for me.

supportive 지지하는, 힘을 주는

그건 나를 위한 이상적인 직업이야!

It's the ideal job for me!

그는 이상적인 아버지야. / 그는 모범적인 아버지야. / 그는 아버지라면 갖추어야 하는 조건을 정확히 다 갖추고 있어.

He's the ideal father. / He's a model father. / He's exactly what a father should be.

* ideal type은 억지스러운 한국식 표현으로 원어민들은 쓰지 않습니다.
* ~ the ideal father / ~ an ideal father (O) 이 경우 the와 an 모두 쓸 수 있습니다.

PLUS A man/woman after my own heart 나와 취향이 같은 남자/여자(이상형의 의미와는 거리가 있습니다.)
Wow, you read my mind! A man after my own heart! 내가 막 그 말 하려던 참이었어! 우리 뭔가 통했네!

73편 '들르다'를 영어로!

+ Introduction

마이클이 지난 주말에 무료 특강을 했다고 이야기합니다.

free
무료의

I had a free lecture here last Saturday.
지난 토요일에 여기서 무료 강의를 했습니다.

---

make the time
시간을 내다

I was finally able to make the time for a free lecture on the weekend.
드디어 제가 주말에 무료 강의를 할 시간을 낼 수 있었습니다.

Thanks for making the time to see me.
저를 보려고 시간 내주셔서 감사합니다.

I was finally able to make the time to do another free lecture and it was a lot of fun.
제가 주말에 또 다른 무료 강의를 할 시간이 있었는데 아주 재미있었습니다.

---

cramped
(방 등이) 비좁은, 갑갑한

It's a little cramped.
그것은 조금 비좁았어요.

---

fit ~ in
~을 …에 끼우다

I tried to fit it all in there, fit in as many important expressions as I can.
제가 할 수 있는 한 중요한 표현을 가능한 많이 넣을 수 있도록 노력했어요.

---

native
(사람이) 태어난 곳의

I'm not a native speaker of Korean. / I'm not a native Korean speaker.
저는 한국어를 모국어로 하는 사람이 아닙니다.

It's a second language for me.
저에겐 제2외국어죠.

 Stop by 잠시 들르다(어디에 가서 머물러 있다가 다른 곳으로 가는 것)

집에 가는 길에 잠깐 술집에 들렀다 갈까요?
Do you want to stop by a bar on the way home?

on the way ~하는 중에

집에 가는 길에 제가 아는 피자집에 들렀다 갈까요?
Do you want to stop by a pizza place I know on the way home?

pizza place (pizza joint) 피자집

집에 가는 길에 근처 술집에 들렀다 갈까요?
Do you want to stop by the neighborhood bar on the way home?

neighborhood 근처, 이웃

집에 가는 길에 식료품점에 들렀다 갈까요?
Do you want to stop by the grocery store on the way home?

집에 가는 길에 슈퍼마켓에 들렀다 갈까요? 맥주 좀 사야 해요.
Do you want to stop by the supermarket on the way home? I need to pick up some beer.

여기 오는 길에 친구네 들렀어.
I stopped by a friend's place on the way here.

A: 우리 같은 시간에 떠났는데 너는 왜 그렇게 오래 걸렸어?
We left at the same time. What took you so long?

B: 여기 오는 길에 편의점에/은행에/ATM에 들렀어.

I stopped by the convenience store/the bank/an ATM on the way here.

집에 가는 길에 은행에 들를 수 있어?

Can we stop by the bank on the way home?

교통카드 충전해야 하는데 집에 가는 길에 지하철역에 들를 수 있어?

I need to recharge my transit card. Can we stop by the subway station on the way home?

recharge 충전하다
transit card 교통카드

거기에 가는 길에 지하철역에 들를 수 있어?

Can we stop by the subway station on the way there?

 2

Drop in 잠깐 들르다(누군가의 직장이나 집에 잠깐 방문했을 때, 잠깐 인사하러 갔을 때)

친구 집에 들르다

Drop in on a friend

drop (동)떨어지다 (명)방울
Excuse me sir. You dropped your wallet. 저기요, 당신 지갑 떨어뜨렸어요.
Drops of water 물방울

들러 줘서 고마워요.

Thanks for dropping in.

내일 오후에 들러 주시겠어요?

Could you guys drop in tomorrow afternoon?

* drop in on은 누군가 아는 사람이 있을 때 '보러 가다'의 의미이므로 '편의점에 들를 거예요.'라고 할 때 I'm going to drop in on the convenience store.라고 하지는 않습니다.

미리 말 안 하고 방문해서 미안하지만…문 열어. 우리야.

Sorry to drop in unannounced like this …open up. It's us.

PLUS A: Who's there? / Who is it? 누구세요?
B: It's me, Michael. / It's Michael.(O) 나예요. 마이클이요.
I am Michael. (X)

unannounced 미리 알리지 않은

---

3 | Drop/Stop by 잠깐 들르다(누군가에게 인사하러 가는 것이 아님)

거기 가는 길에 ATM에 들러야 해요.

I need to drop/stop by the ATM on the way there.

ATM에 들를 수 있을까요?

Can we drop/stop by an ATM?

내일 4시 이후에 들렀다 갈 수 있나요?

Do you think you could drop by tomorrow after 4 PM?

---

4 | Swing by 잠깐 들르다

집에 가는 길에 가게에 들르자.

Let's swing by the store on the way home.

* swing by는 원어민이 많이 사용하는 표현입니다.

집에 가는 길에 편의점에 들르자.

Let's swing by the convenience store on the way home.

집에 가는 길에 주유소에 들르자.

Let's swing by a gas station on the way home.

* 여기서 the gas station을 쓰면 '우리 동네에 있는 주유소'라는 의미가 됩니다.

우리 집에 가는 길에 가게에 들러도 될까?

Can we swing by the store on the way home?

우리 집에 가는 길에 주유소에 들러도 될까?

Can we swing/stop/drop by a gas station on the way home?

도서관에 들러도 돼? 이 책들 반납해야 해서.

Can we swing by the library? I need to return these books.

PLUS check out 빌리다, 대출받다
I checked ~ out from the library. 나는 도서관에서 ~을 대출받았다.

우리는 거기 가는 길에 도서관에 들른다.

We swing by the library on the way there.

+ Plus

A: 너 언제 들를 수 있을 것 같아?

When do you think you'll be able to swing by?

B: 나 아마도 오후 1시쯤에 짧게 들를 수 있을 것 같아.

I can probably swing by for a short visit around 1 PM.

visit 방문, 찾아가기

+ Introduction

마이클이 촬영하러 오는 길에 상수역에서 '1분 영어'를 찍은 사연을 설명하고 있습니다.

on the way
~하는 중에

On the way here today
오늘 여기 오는 길에

On the way there
거기 가는 길에

Let's stop by a coffee shop **on the way** to school.
학교 가는 길에 커피숍에 들르자.

I filmed another installment of *One-minute English* **on the way** here today.
오늘 여기 오는 길에 '1분 영어' 다른 편을 찍었어요.

---

wait for
기다리다

I was **waiting for** the perfect moment.
완벽한 순간을 기다렸어요.

I kept **waiting for** the opportunity.
계속 기회를 기다렸어요.

---

quiet down
조용해지다

Seoul **quieted down** from its usual state because most people are out in the provinces or back home visiting relatives right now for the holidays.
대부분의 사람들이 휴가 동안 지방에 가거나 친척들을 방문하기 위해 고향으로 떠나서 평소보다 서울이 조용해요.

in the provinces 시골에서, 지방에서
relative 친척

---

1 Crack up 웃음이 빵 터지다

그는 수업하는 중에 웃음이 빵 터졌다.
He cracked up during class.

그는 계속 웃어 댔다.
He kept cracking up.

* keep + ~ing 계속해서 ~하다
He kept interrupting me. (내가 말하고 있었는데) 그가 계속해서 끼어들었다.

수업 중에 왜 그렇게 계속 웃어 댔어?
Why did you keep cracking up during class?

강의 중에 왜 그렇게 계속 웃어 댔어? 뭐가 그렇게 웃겨?
Why did you keep cracking up during the lecture? What was so funny?

뭐가 너를 그렇게 계속 웃게 했니?
What made you keep cracking up like that?

* What made you keep laughing like that?도 같은 의미를 나타내는 표현입니다.
What made you + 동사원형 무엇이 널 ~하게 했니?

뭐가 너를 수업 시간에 그렇게나 웃게 했니?
What made you crack up so much during class?

(조용한 분위기의 자리에서) 그만 웃어.
Stop cracking up.

예배 중에 왜 그렇게 웃어 댔어?
Why were you cracking up during church?

church 교회 (예배)

그가 그것을 얘기했을 때 난 웃을 수밖에 없었다.
I couldn't help cracking up when he said that.

PLUS can't help ~ing ~할 수밖에 없다
I couldn't help laughing. 나는 웃을 수밖에 없었다.
I couldn't help yelling. 나는 고함을 칠 수밖에 없었다.
I was so upset I couldn't help cussing at him. 나는 너무 화가 나서 그에게 욕할 수밖에 없었다.

나는 너무 웃겨서 크게 웃을 수밖에 없었다.
I couldn't help cracking up it was so funny.

* I couldn't contain my laughter. 나는 웃음을 참을 수 없었다.(웃지 않을 수 없었다.)는 좀 더 수준이 높은 표현입니다.

그가 말한 것 때문에 크게 웃을 수밖에 없었다.
I couldn't help cracking up at what he said.

* at은 '~ 때문에'라는 의미를 나타냅니다.

그 농담에 빵 터졌어요.
I cracked up at the joke.

joke 농담

그가 그 실수를 했을 때 웃을 수밖에 없었다.
I couldn't help cracking up when he made that mistake.

make a mistake 실수하다

아까 왜 계속 그렇게 웃었어요?
Why did you keep cracking up back there?

그 행사 중에 나는 웃을 수밖에 없었다.
I couldn't help cracking up during the ceremony.

ceremony 의식, 식

그는 진짜 웃기는 사람입니다.
He's such a crack-up.

* crack-up은 '진짜 웃기는 사람', '자주 빵 터지게 하는 친구'라는 의미입니다.

2　Burst out laughing / Bust out laughing 웃음이 터지다

그는 웃음이 터졌어요.
He burst out laughing.

* bust를 썼을 때가 더 편한 용법입니다.
　burst 터지다, 터뜨리다, 폭발하다(burst – burst – burst)
　bust 부수다, 파산하다(bust – busted – busted)

관객 전체가 웃음이 터졌습니다.
The entire audience burst out laughing.

* burst into laughter도 같은 뜻을 나타내는 표현입니다.
PLUS burst into tears 와락 울음을 터뜨리다 | burst into applause 박수갈채를 보내다
The entire audience burst into applause. 관객 모두가 박수갈채를 보냈습니다.
The woman next to me burst into tears when she heard the news. 내 옆에 있던 여성이 그 소식을 들었을 때 울음을 터뜨렸습니다.
entire 전체의, 온
audience 청중, 관중, 관람객

내가 장기하 성대모사를 했을 때 Dan은 항상 웃음을 터뜨리곤 했습니다.
Dan would always crack up when I did my Jang Giha impression.

do ~ an impression 성대모사를 하다

그는 내 장기하 성대모사를 듣고 웃음을 터뜨렸습니다.
He burst into laughter / cracked up when he heard my impression of Jang Giha.

+ Introduction

마이클이 촬영을 시작하며 실수를 해서 세 번의 시도 끝에 성공할 수 있었다고 이야기합니다.

Third time is the charm!

세 번째는 꼭 되는 법이야!

* 어떤 일에 두 번 실패한 뒤 세 번째로 시도하면서 잘되기를 바라는 마음을 담은 표현입니다. '행운의 세 번째'라는 뜻의 Third time lucky라고도 합니다.

This is a special edition shot in Denver, Colorado, where I'm originally from.

이것은 제가 태어난 곳인 덴버 콜로라도에서 찍은 특집 영상입니다.

edition 판, 호
originally 원래, 본래

My friend just said this to me the other day.

며칠 전에 제 친구가 이렇게 말했습니다.

---

1 | Fly 빨리 지나가다

재미있게 노느라 시간이 (정말로) 빨리 지나가네!
Time (really) flies when you're having fun!

* fly가 '아주 빨리 가다'라는 뜻을 나타내는데 시간에 관해 얘기할 때 은유적인 표현으로도 사용합니다.
The car flew down the street. 자동차가 길 아래로 빨리 지나갔다.
A police car flew by. 경찰차가 빠르게 지나갔다.

와우, 벌써 새벽 2시야! 재미있게 노는 동안 시간이 확실히 빨리 지나가네.
Wow, it's already 2 AM! Time sure flies when you're having fun.

2   Lost track of (the) time 시간 가는 줄 몰랐다

시간 가는 줄 몰랐어.
I lost track of (the) time.

track (명)발자국 (=footprints/pawprints) (동)따라가다
We saw deer tracks. 우리는 사슴 발자국을 보았다.
The police were tracking him for months. 경찰이 그를 몇 달 동안 뒤쫓고 있었다.

정말 미안해! 시간 가는 걸 전혀 모르고 있었어!
I'm so sorry! I completely lost track of the time!

이 책에 너무 몰두해서 시간 가는 줄도 모르고 있었어!
I was so engrossed in this book that I completely lost track of
the time!

engrossed 몰두한

내가 또 공상에 잠겨서 시간 가는 줄 몰랐어.
I was daydreaming again and lost track of the time.

daydream 공상에 잠기다, 백일몽, 공상

내가 또 멍해져서 시간 가는 줄 몰랐어.
I was zoning out again and lost track of the time.

zone out 멍해지다

3 Didn't realize 알아차리지 못했다

그렇게 늦었는지 알아차리지 못했어.
I didn't realize it was so late.

PLUS realize는 타동사로 '실현하다, 달성하다'라는 의미를 나타내기도 합니다.
I still hope to one day realize my dream of being a professional baseball player.
나는 여전히 프로 야구 선수가 되는 나의 꿈이 언젠가 실현되기를 바란다.

realize 깨닫다, 알아차리다

그렇게 늦은 시간이 된 줄 알아차리지 못했어.
I didn't realize it had gotten so late.

+ Plus

A: 나 자기를 피하고 있었던 게 아니야, 여보. 난 그냥 시간 가는 줄 몰랐던 거야.
I wasn't avoiding you, honey. I just lost track of time.

avoid (회)피하다

B: 나 자기한테 5시간도 넘게 연락이 닿지 않았어! 그건 터무니없는 핑계야!
I couldn't reach you for more than 5 hours! That's a ridiculous excuse!

reach (특히 전화로) 연락하다

A: 그게 진실이야, 맹세해. 나 회사에 있었어. 사장님한테 물어봐도 좋아.
It's the truth, I swear. I was at work. You can ask my boss.

B: 알겠어. 내가 전화해 볼게. 그 사람 번호가 뭐야?
OK. I'll call him. What's his number?

76편 '봐주다'를 영어로!

+ Introduction

마이클이 미국식 바비큐 식당에서 산 티셔츠를 입고 티셔츠 위에 그려진 콜로라도주 깃발에 대해서 설명하고 있습니다.

flag

기, 깃발

This is the state flag of Colorado.

이것은 콜로라도주 깃발입니다.

The state flags of Colorado and Texas are on the front of this T-shirt.

콜로라도와 텍사스주 깃발들이 이 티셔츠 앞면에 있습니다.

In addition to the national flag, each of the 50 states has its own flag.

국기와 더불어 50개의 각 주는 자기 주의 깃발을 가지고 있습니다.

---

1 Let it slide 넘어가다, 봐주다

이번 한 번만 넘어가 주실 수 없으세요?
Couldn't you let it slide just this once?

* slide는 매끄럽게(without friction 마찰 없이) 넘어가는 것을 말합니다.

다행히도 그가 넘어가겠다고 했어요.
Luckily, he said he would let it slide.

luckily 운 좋게, 다행히도

이번이 마지막이에요. 약속해요. / 앞으로는 이런 일이 일어나지 않게 하겠다고 약속해요.

This is the last time. I promise. / I promise I won't let it happen again.

우리 이번 한 번만 넘어갈 수 없을까요?

Couldn't we let it slide just this once?

---

2 | Look the other way 못 본 척하다, 모르는 척하다

이번 한 번만 못 본 척해 주실 수 있으세요?

Would you mind looking the other way just this one?

* look the other way는 반대편을 보고 못 본 척하면서 봐준다는 뜻입니다. overlook도 이런 의미로 쓰입니다.

그는 못 본 척했어.

He looked the other way.

나는 못 본 척하고 무슨 일이 일어나고 있는지 모르는 척했어.

I looked the other way and pretended like I didn't know what was going on.

pretend ~인 척하다

네가 실수하는데 내가 계속 못 본 척할 수가 없어.

I can't keep looking the other way while you make mistakes.

make mistakes 실수를 하다

---

3 Let me off the hook 나를 봐주다

그가 나를 봐줬어.

He let me off the hook.

* 여기서 hook은 '갈고리'를 뜻해요. When someone's in hot water, he's on the hook. 누군가가 곤경에 빠져 있을 때 he's on the hook.이라고 표현합니다. 그가 갈고리 같은 어딘가에 걸려서 매달려 있는 모습인데 그 상황에서 벗어나게(off) 해서 봐줬다는 뜻을 나타냅니다.

4 Get away with something 나쁜 짓을 저질렀는데 책임지지 않고 도망가다

그는 무사히 빠져나갔어.

He got away with it.

그는 나를 그냥 빠져나가게 해 줬어.

He let me get away with it.

난 네가 그냥 계속 빠져나가게만 할 수 없어.

I can't keep letting you get away with it.

난 이번에 너를 그냥 빠져나가게 할 수 없어.

I can't just let you get away with it this time.

5 Gave me a pass 넘어가 줬다

그는 넘어가 줬어.

He gave me a pass.

* pass는 어딘가를 통과할 수 있는 출입증인데 gave me a pass는 '나를 그냥 통과하듯이 봐줬다'라는 의미입니다.

내가 시험에서 F를 받았는데 그는 그냥 넘어가줬어.

I got an F on the test but he gave me a pass.

* 여기서 He gave me a pass.를 He looked the other way. / He overlooked it. / He let me get away with it. / He let it slide. 등의 표현으로 바꿀 수 있습니다.

6 Cut me some slack 나를 좀 봐주다

저 좀 봐주시면 안 될까요?

Could you please cut me some slack?

* cut me some slack은 좀 여유있게 봐주면 안 되겠냐는 뜻입니다.

7 Take it easy on someone ~에게 너무 호되게 하지 말아라

그에게 너무 호되게 하지 마세요!

Take it easy on him!

* 남의 실수나 잘못을 '봐준다'는 의미로 이 세 가지 표현을 가장 많이 씁니다.
Let it slide
Cut me/him/her some slack
Overlook someone's faults/weaknesses/mistakes

77편 '역시'를 영어로!

+ Introduction

마이클이 오랜만에 '오늘의 표현'을 촬영하게 된 것에 대해 이야기하고 있습니다. 오랜만에 뭔가를 하게 되었을 때 For the first time in a long time…(오랜만에 처음으로…)을 씁니다. 조만간(Sooner or later) '오랜만에 ~했다'라는 표현에 대한 강의도 할 예정입니다.

---

1   Figures! 역시 그럴 줄 알았어!

〈제 친구 존이 방금 승진했다고 해 봅시다. 사장님은 존을 편애하는 경향이 있습니다.〉
Let's pretend my friend John just got a promotion. The boss has a tendency to favor John.

역시…
Figures!

* 이런 상황에서 '역시…'라고 할 때 이 표현을 씁니다.
* 만족하지 못한 결과를 보고 중얼거리듯이 하는 표현입니다. Figures! / Naturally! 이 두 가지 표현이 다른 설명 없이 따로 나 오면 만족하지 못한 결과나 부러운 일에 대해서 이야기할 때 쓰지만 예외도 있습니다.

역시 그렇게 되었군! 사장님은 걔를 정말 좋아하니까.
Figures! The boss loves that guy.

PLUS figure out ~을 알아내다, 이해하다

역시 그렇게 되었네! 사장님은 걔를 언제나 편애해 왔으니까.
Figures! The boss has always favored him.

favor 편애하다, 총애하다

역시 그렇게 되었네! 걔는 사장님이 제일 좋아하는 애니까.
Figures! That guy is the boss's favorite.

favorite 좋아하는 사람

〈공부를 잘하는 친구가 있는데 항상 반에서 일등을 할 때〉

A: 걔는 항상 올A만 받아! / 그는 시험에서 항상 일등만 해!

That guy always gets straight A's! / He always aces the tests!

B: 오, 걔가 반에서 일등이야? 역시 그렇군!

Oh, he's number one in the class? Figures!

2   Naturally! 역시 그렇게 되었군!

역시 그가 승진했군! 사장님은 걔를 정말 좋아하니까.

Naturally, he got the promotion! The boss loves that guy.

* 원래 naturally는 '자연스럽게'라는 뜻을 가진 부사입니다.
  He has a strong command of English. He speaks English very naturally. 그는 아주 뛰어난 영어 실력을 가지고 있다.
  그는 영어를 아주 자연스럽게 말한다.
  하지만 여기서 naturally는 비웃듯이(scoff: 비웃다), '역시 그렇게 되었군.'이라는 뜻을 나타냅니다.
* I knew it!은 '그럴 줄 알았어!'라는 의미인데 이런 상황에서 많이 씁니다.

  promotion 승진, 진급

3   That's the (name) I know! 역시 우리 (이름)이다!

〈만일 정민이라는 친구에게 돈을 빌려줄 수 있는지 물었는데 그가 고민도 하지 않고 바로 빌려준다고 한다면〉

역시 우리 정민이군!

That's the Jeongmin I know!

〈원래 공부를 잘하는 Alice라는 친구가 있는데 이번 시험에서 A+를 맞았을 때〉

와우, 너 시험에서 A+ 맞았어? 역시 우리 앨리스네!

Wow, you got an A+ on the test? That's the Alice I know!

4   **Attaboy!** 잘한다! 역시 우리 아들!

잘한다! 역시 우리 아들!
Attaboy!

* 남자 아이한테 쓰는 격려의 말로 That's the boy (I know)!의 줄임말입니다.

역시 우리 아들/딸이지!
That's my boy/girl!

아버지와 아들이 공원에서 캐치볼을 하고 있었다. 아들이 공을 잘 잡았을 때 아빠가 소리친다. '잘한다! 역시 우리 아들!'
The father and son were playing catch in the park. When his son made a good catch, the father yelled, "Attaboy!"

PLUS 우리가 흔히 캐치볼(catch ball)이라고 하는 것을 영어로는 그냥 catch라고 합니다.

78편 '단골, 평소에 먹는 것'을 영어로!

+ Introduction

마이클이 요새 강의를 자주 올리는 것에 대해서 긍정적으로 이야기할 때 쓰는 표현에 대해 설명하고 있습니다. '일이 술술 풀려. 승승장구하고 있어.'라는 뜻의 I'm on a roll.은 잇따른 성공에 대해서 말할 때 또는 해야 되는 일을 계속해서 할 때 쓰는 말입니다.

1 | A regular 단골

전 (여기) 단골이에요.
I'm a regular (here).

* 이때 regular 앞에 관사 a를 반드시 넣어야 합니다. 관사가 빠지면 전혀 다른 뜻이 되는데 I'm regular. / He's regular.라고 하면 소화 상태에 대한 말로 해석될 수 있고, '규칙적으로 화장실에 간다.'는 뜻으로 받아들일 수 있습니다.

여기 단골들 대부분은 영어를 잘한다.
Most of the regulars here are good at English.

여기 단골들 대부분은 영어를 능숙하게 구사한다.
Most of the regulars here are proficient in English.

proficient in ~에 능숙한

여기 단골들 대부분은 뛰어난 영어 구사 능력을 가지고 있다.
Most of the regulars here have a strong command of English.

PLUS 참고로 예전 강의에서 설명한 것처럼 '난 여기가 좋아.'라는 말을 하려면 I like here.가 아니라 it을 넣어서 I like it here. 라고 말해야 합니다.

command 명령, 언어 능력, 언어 구사력

그를 못 알아보겠어? 그는 (여기) 단골이야.

Don't you recognize him? He's a regular (here).

recognize 알아보다

그는 우리 단골들 중 한 명이야.

He's one of our regulars.

그는 Playground의 단골이야.

He's a regular at the Playground.

* ' ~ 장소의 단골'이라고 말할 때는 at을 붙여서 말합니다.

나는 단골들 중에 한 명이야.

I'm one of the regulars.

저기 저 남자 보여? 그는 여기 단골이야.

Do you see that guy over there? He's a regular here.

나 (이제) 여기 한 10년간 단골이야.

I've been a regular here for about 10 years (now).

PLUS 원어민들은 별 의미 없이도 말이 좀 더 부드럽게 들리게 하도록 문장 끝에 now를 많이 붙여서 말합니다.
I've lived in Korea for about 10 years (now). 나는 (이제) 한국에 한 10년 동안 살아 왔어.
How long has it been (now)? (이제) 얼마나 되었어?
How long have you guys been together (now)? 너희들 (이제) 사귄 지 얼마나 되었어?

전 여기 단골이에요. 왜냐하면 전 여기가 좋으니까요.

I'm a regular here, because I like it here.

2 | The/My usual 평소에 먹는 것

전 제가 평소에 먹던 걸로 할게요.

I'll have my usual.

(오늘) 평소에 먹던 걸로 하시겠어요?

Will you be having the usual (today)?

오늘은 평소에 먹던 걸로 주세요.

Just give me the usual today.

전 그냥 평소에 먹던 걸로 할게요.

I'll just go with the usual.

저 평소에 하던 걸로 할게요.

I'll be having the usual.

저 평소에 먹던 걸로 갈게요.

I'll be going with the usual.

PLUS cut down 줄이다
I'm on a diet. I'm trying to cut down on (the) hamburgers. 저 다이어트 중이에요. 전 햄버거 줄이려고 하는 중이에요.
I'm trying to cut down on the Americanos. Too much caffeine. 저 아메리카노 줄이려고 하는 중이에요. 카페인이 너무 많아서요.

+ Plus

A: 왜 속상해하고 있어?

What's eating you, man?

What's eating you? 왜 속상해하니? 무슨 걱정 있어?

B: 나 카페에서 우리 단골들 중에 한 명이랑 크게 싸웠어. 더 이상 그를 보지 못할 것 같아.

I got in a big fight with one of our regulars down at the café. I don't think we'll be seeing him anymore.

A: 오, 그거 안됐다.

Oh, sorry to hear that.

+ Introduction

마이클이 자신이 입고 있는 셔츠의 무늬에 대해서 설명하고 있습니다. 이런 형태가 주로 lumberjack(나무꾼)들을 연상시키는 무늬라고 합니다.

be associated with
~과 관련되다

In the US, this pattern is usually associated with lumberjacks.
미국에서는 이런 패턴이 보통 나무꾼들을 연상시킨다고 한다.

---

outdoorsy
밖에서 활동(운동)을 많이 하는

He's very outdoorsy.
그는 야외활동을 매우 좋아한다.

---

1   Ups and downs 우여곡절, 오르내림, 기복, 고저

나는 일하면서 우여곡절이 많았어.

career 직업, 직장 생활

I've had a lot of ups and downs in my career.

그는 살면서 우여곡절이 많았어.
He's had a lot of ups and downs in his life.

어릴 적에 나는 우여곡절이 많았어.
In my childhood, I had a lot of ups and downs.

그는 일하는 내내 많은 우여곡절이 있었어.
He's had a lot of ups and downs throughout his career.

throughout ~ 동안 내내, 쭉

그녀는 많은 우여곡절을 겪었어.

She's been through a lot of ups and downs.

2 | Be through (일이나 어려움 등을) 겪다

그는 많은 것들을 겪었어.

He's been through a lot.

* through는 '~을 통해', '관통하여'라는 뜻을 가지고 있는데 여기서는 '~을 겪다'라는 의미를 나타냅니다.

그 남자는 살면서 많은 것들을 겪었어.

That guy's been through a lot in his life.

저 애들은 많은 힘든 일을 겪었어.

Those kids have been through a lot.

3 | Hard times 고생, 힘든 시기

그는 많은 고생을 했어.

He's been through a lot of hard times.

* hard times, adversity, hardship은 모두 '고생'이라는 뜻을 나타냅니다.

그는 자신이 겪어야 할 몫만큼의 고생을 했어.(그는 고생을 할 만큼 했어.)

He's had his share of hard times.

share 몫
You need to do your share. 넌 네 몫을 해야 해.

나는 내 몫만큼의 고생을 했어.(나는 고생을 할 만큼 했어.)

I've had my share of hard times.

4   A windy/winding road 힘든 길

그건 성공에의 길고 힘겨운 길이었어.
It was a long, hard road to success.

그건 길고 구불구불한 길이었어.
It's been a long and winding road.

winding 구불구불한
windy 구불구불한
The road is too windy. It's making me carsick. 길이 너무 구불구불해서 차멀미가 나.

5   Ebb and flow / Ups and downs 부침, 성쇠

경제학자들은 이러한 종류의 수요상의 부침이 아주 흔한 것이라고 이야기한다.
Economists say that this kind of ebb and flow in demand is commonplace.

demand 수요, 요구
commonplace 아주 흔한

A: 사업은 어때?
How's business?

B: 글쎄… 부침이 있지.
Well...it ebbs and flows.

PLUS 밀물 high tide, high water mark
썰물 low tide, low water mark

6 Vicissitudes 우여곡절

인생의 우여곡절로 인한 타격이 컸다.

The vicissitudes of life took their toll.

take one's toll 타격을 주다, 손해를 끼치다
* GRE시험 등에 나오는 어려운 단어입니다.

---

7 Thick and thin 잘 살 때와 못 살 때

우리는 잘 살 때도 못 살 때도 함께 해 왔어.

We've been together through thick and thin.

그녀는 잘 살 때도 못 살 때도 나와 함께 해 왔어.

She's been with me through thick and thin.

그의 아내는 잘 살 때도 못 살 때도 그의 옆을 지켜 줬어.

His wife stood by him through thick and thin.

* His wife through thick and thin 조강지처

+ Plus

우선, 저는 제 와이프에게 감사하고 싶습니다. 그녀는 힘들 때나 어려울 때나 우여곡절을 다 겪고도 제 옆에 있어 주었습니다. 그녀 없이 이 어떤 것도 가능하지 않았을 것입니다.

First, I'd like to thank my wife. She stood by me through thick and thin, through ups and downs. None of this would've been possible without her.

* 시상식에서 소감을 말할 때 쓸만한 표현입니다.

80편

Stand up for와 Stand up to!

+ Introduction

마이클이 자신이 갑자기 깨닫게 된 표현들을 소개하려고 한다고 말하고 있습니다.

realize
깨닫다, 알아차리다

Today's lecture is about something I just realized the other day.
오늘의 강의는 제가 며칠 전에 그냥 깨닫게 된 것에 대한 강의입니다.

---

dawn on ~
~가 깨닫게 되다

It suddenly dawned on me.
그 사실을 갑자기 깨달았어요.

---

1 Stand up for someone 누군가를 옹호하다, 감싸주다

왜 저를 옹호해 주지 않았어요?
Why didn't you stand up for me?

* 비슷한 표현으로 다음의 문장들이 있습니다.
  Why didn't you defend me? / Why didn't you stick up for me?

정말 많은 사람들이 민주주의를 위해서 나서는 것을 보니 좋다.
It's nice to see so many people standing up for democracy.

* Standing up for one's beliefs 자신의 신념을 위해 나서는 것
  Standing up for what you believe in 자신이 믿는 것을 위해 나서는 것
  Standing up for one's rights 자신의 권리를 지키려고 나서는 것

  democracy 민주주의

그는 그의 친구를 옹호해 줬어요.
He stood up for his friend.

저를 지켜 줘서 고마워요!

Thanks for standing up for me!

그들이 저에 대해서 욕하고 있었을 때/저에게 나쁜 말들을 하고 있었을 때/저를 안 좋게 말하고 있었을 때 저를 지켜 줘서 고마워요.

Thanks for standing up for me when they were talking trash about me / saying mean things to me / badmouthing me.

talk trash 모욕적인 말을 하다
badmouth 안 좋게 말하다

---

2 | **Stand up to someone** 누군가에게 대들다, 맞서다

그는 사장에게 대들었어요.

He stood up to the boss.

저는 그걸 더 이상 참을 수 없어서 마침내 사장에게 대들었어요/학교에서 괴롭히는 사람들에게 맞섰어요.

I couldn't take it any longer, so I finally stood up to the boss / the bullies at school.

bully (약자를) 괴롭히는 사람

81편 '덕분에'를 영어로!

1 Thanks to ~ ~ 덕분에

네 덕분에 내가 성공했어.
Thanks to you, I succeeded.

내가 성공한 건 네 덕분이야.
I succeeded, **thanks to** you.

그건 다 네 덕분이야.
It was all **thanks to** you.

내 성공은 모두 네 덕분이야.
My success was all **thanks to** you.

그건 모두 제 부모님 덕분이에요.
It was all **thanks to** my parents.

네, 전 결국 큰 회사의 CEO가 되었죠. 하지만 그건 모두 제 할아버지 덕분이에요. 할아버지의 리더십, 멘토십 덕분에 제가 있어야 했던 곳에 올 수 있었죠. 할아버지가 길을 보여 주셨어요. 그건 모두 할아버지 덕분입니다.
Yes, I did end up as the CEO of a large company. But it was all **thanks to** my grandfather whose leadership, whose mentorship took me where I needed to be. He showed me the way. It was all **thanks to** him.

end up as 결국 ~이 되다

제가 이 일을 가지게 된 건 모두 제 할아버지 덕분입니다.

Me getting this job was all thanks to my grandfather.

그건 모두 제 할아버지 덕분이에요.

It was all thanks to my grandfather.

제가 애초에 언어에 관심을 가지게 된 건 모두 그 덕분이에요.

It was all thanks to him that I gained an interest in languages in the first place.

interest 관심

저의 언어에 대한 관심은 모두 그 덕분이에요.

My interest in languages was all thanks to him.

그러니까 모두 저의 실패 덕분에 음악학교에 들어갈 수 있었던 거예요.

So, it was all thanks to my failure to get into a music school.

failure 실패
get into ~에 들어가다

그 실패/그 결정 덕분에 제가 결국 호주에 오게 되었고 결국에 이 회사의 CEO가 될 수 있었던 거예요. 아이러니하게도 저의 늦은 성공은 모두 초반의 실패 덕분입니다.

It was all thanks to that failure/that decision that I ended up in Australia and I ended up as a CEO of this company. Ironically, my later successes were all thanks to that initial failure.

* It was a blessing in disguise. 그건 문제인 줄 알았는데 알고 보니 뜻밖에 좋은 결과였어요.
ironically 아이러니하게, 반어적으로
initial 처음에, 초기의

그 패배, 그 한 번의 실패 덕분에 제가 오늘날의 제가 될 수 있었던 거예요.

It was all thanks to that defeat – that one failure – that I ended up where I am today.

저희 어머니 덕분에 제가 언어에 흥미를 가졌어요.
Thanks to my mother, I gained an interest in language.

저희 어머니 덕분에 저는 이른 나이에 클라리넷을 시작했어요.
Thanks to my mother, I started clarinet at an early age.

그건 모두 그녀 덕분이에요.
It was all thanks to her.

우리 엄마 덕분에 제가 이른 나이에 클라리넷 배우는 것을 시작했어요.
Thanks to my mom, I started learning clarinet at an early age.

저의 음악에 대한 흥미는 모두 그녀 덕분입니다.
My interest in music, it was all thanks to her.

2 No thanks to ~ ~에도 불구하고, ~의 도움이 없이

맞아요, 저는 저희 부모님의 도움 없이 성공했어요.
Yes, I succeeded, no thanks to my parents.

* My success was in spite of my parents. 저의 성공은 저희 부모님이 도움이 없었음에도 불구하고 가능했어요.

〈공항에 갈 시간에 늦어서 급히 준비하는 중에 갑자기 나타난 친구가 말을 걸며 방해를 했는데 그 친구가 나중에 비행기 잘 탔냐며 연락을 한 경우에 대답할 수 있는 표현〉

응, 네 도움 없이.
Yeah, no thanks to you.

〈항상 놀자고 하면서 공부를 방해했던 친구에게 할 수 있는 표현〉

응, 나 마침내 졸업했어…네 도움 없이!
Yeah, I finally graduated…no thanks to you!

* 비꼬듯이 하는 말입니다.

A: 너 차 살 수 있었어?
Were you able to get/buy a car?

B: 응, 나 마침내 차 샀어…네 도움 없이!
Yeah, I finally got a car…no thanks to you!

A: 와우, 너 제시간에 맞춰서 왔네!
Wow, you made it on time!

on time 시간에 맞추어서

B: 응, 나 왔지…네 도움 없이. 너 나한테 길을 잘못 알려 줬어.
Yeah, I made it…no thanks to you. You gave me bad directions.

+ Plus

A: 스마트폰에 있는 지도 앱 덕분에 나는 아무 문제 없이 도쿄를 돌아다닐 수 있었어.
Thanks to the maps app on my smartphone, I was able to get around Tokyo with no problem.

get around 돌아다니다

B: 맞아, 지도 앱은 잘 모르는 도시에서 정말 구세주가 될 수 있지. 하지만 데이터 로밍이 완전 비쌀 수도 있어.
Yeah, the maps app can be a real lifesaver in an unfamiliar city. But the data roaming can be super expensive.

lifesaver 궁지를 벗어나게 해 주는 것
unfamiliar 익숙지 않은, 낯선

82편

'실물이 낫다'를 영어로!

+ Introduction

마이클이 이번 강의가 2017년의 첫 번째 강의라는 사실을 이야기하며 무료 강의에 대해서 설명합니다. 그리고 이전에 사진과 관련된 모든 표현을 다룬 강의를 찍어놨는데 파일에 오류가 생겨 아마도 못 쓰게 될 것 같다는 이야기를 합니다.

get around to
계속 미루다가 결국 하다

It took me a while to get around to it.
그걸 하게 되는데 꽤 시간이 걸렸어.

I still haven't gotten around to it.
난 아직도 그걸 하지 못하고 있어.

오늘 배울 표현은 '실물이 낫다'입니다. '실물'이라는 말을 영어로는 the genuine article, the real thing, the actual item 등으로 표현하는데 이 표현들은 물건, 제품에 대해 이야기할 때 씁니다.

1 In person 실물로 보면, 실제로 보면

그는 실물이 더 잘생겼어.
He looks better in person.

그는 실물이 훨씬 더 잘생겨 보인다.
He looks so much better in person.

그녀는 실물로 보면 훨씬 더 아름다워.
She's even more beautiful in person.

그녀는 실물로 보면 훨씬 더 나아 보여.

She looks a lot better in person.

그는 실물로 보면 훨씬 더 키가 작아.

He's a lot shorter in person.

* 내용에 따라 형용사 자리에 fatter(더 뚱뚱한), skinnier(더 날씬한) 등의 단어를 바꿔서 넣을 수 있습니다.

2   **In real life** 실제로, 실물로

그는 실제로 보면 훨씬 더 잘생겨 보여.

He looks so much better in real life.

* He looks better in reality. (O)
In reality (O) / In real (X)
참고로 이때 단어 real은 reel과 발음이 같습니다.

그녀는 실제로 보면 훨씬 더 어려 보여.

She looks a lot younger in real life.

그는 실제로 보면 훨씬 더 나이 들어 보여.

He looks a lot older in real life.

3   **In the flesh** 실물로, 직접

와! 진짜 톰 크루즈다!

Oh! It's Tom Cruise in the flesh!

* flesh는 원래 '살', '피부'라는 뜻을 나타내는데 in the flesh하면 실물로, 직접 누군가를 봤음을 나타냅니다.

4 Face to face 얼굴을 맞대고, 대면의

우리는 얼굴 맞대고 만난 적이 없어.
We've never met face to face.

이번 주 중에 대면 회의를 하도록 합시다.
Let's try to have a face-to-face meeting sometime this week.

PLUS photogenic 사진이 잘 받는
She's so photogenic! 그녀는 정말로 사진이 잘 받아!
In real life, she's just OK. But in the pictures, she's very photogenic. 실물로는 그녀는 그냥 괜찮은 정도야. 하지만 사진으로 보면 그녀는 아주 사진이 잘 받아.
I'm not very photogenic. 나는 사진이 잘 받지 않아.

It's faithful to the original. 그건 원본(원작)에 충실해.
It doesn't do justice to the original. 그건 원본(원작)보다 못해.

do someone justice 사진이 잘 받는다
This picture doesn't do her justice. 이 사진에는 그녀가 잘 안 나왔어.
This photo doesn't do you justice. 이 사진에는 네가 잘 안 나왔어.
Don't use that photo. It doesn't do you justice. You look a lot younger in real life. 그 사진 쓰지 마. 거기에는 네가 잘 안 나왔어. 넌 실제로 보면 훨씬 더 어려 보여.

sometime 언젠가

+ Plus

A: 이렇게 이메일로 의사소통하는 것은 약간 비효율적인 것 같아요. 이 세부 사항들을 조정하기 위한 두 팀간의 대면 미팅을 다음 주 초반쯤에 가지는 게 어떨까요.
Communicating over email like this seems a little inefficient. How about we arrange a face-to-face meeting between the two teams sometime early next week to iron out these details.

inefficient 비효율적인
iron out 해결하다, 해소하다

B: 그거 실행 가능한 방안 같은데요.
That sounds workable.

workable 실행 가능한

1 New Year's resolutions 새해 결심

새해 결심 세웠어?

Did you make any New Year's resolutions?

너의 새해 결심이 뭐였어?

What were your New Year's resolutions?

* resolution은 '결심'이라는 뜻 외에 아래와 같은 의미들을 가지고 있습니다.
  1. (컴퓨터 화면 등의) 해상도
  It's a high-resolution screen. 그건 고해상도 스크린이야.
  I need a high-resolution monitor to do my work. 나는 내 일을 하기 위해 고해상도 모니터가 필요해.
  2. (문제, 불화 등의) 해결
  We're hoping for a speedy resolution to the conflict. 우리는 그 분쟁의 조속한 해결을 희망하고 있습니다.

2 Keep 지키다 / Last 계속하다, 지속하다

나는 내 새해 결심들 중에 어느 것도 지키지 않았어.

I didn't keep any of my resolutions.

내 새해 결심들 중 아무것도 오랫동안 지속되지 않았어.

None of my resolutions lasted very long.

내 새해 결심들 중 아무것도 몇 주 이상 지속되지 않았어.

None of my resolutions lasted more than a few weeks.

3   Stick to ~을 지키다

나는 다이어트를 오랫동안 하지 않았어.
I didn't stick to my diet for very long.

* stick은 '붙이다'라는 뜻을 가지고 있습니다.
  Stick your nametag on your chest. 네 명찰을 가슴에 붙여.
  Stick that poster on the wall. 그 포스터를 벽에 붙여.
* 여기서 stick to는 '(규칙, 약속 등을) 지키다'라는 의미를 나타냅니다.
  diet 식사, 식습관, 다이어트

너 다이어트 얼마나 오랫동안 했어?
How long did you stick to your diet?

* 이 경우에는 keep을 쓰지 않고 stick to를 써서 말합니다.

4   Follow-through 끝까지 노력하는 것, 약속을 지키는 것

(골프에서) 그는 스윙할 때 끝까지 자세를 잘 유지하네.
He has a good follow-through.

* 골프 경기에서 공을 치고 나서도 끝까지 자세를 유지한다는 의미를 나타내기도 합니다.

그 남자는 끝까지 노력하는 게 없어!
That guy has no follow-through!

그는 그의 약속들 중에 어느 것도 끝까지 노력해서 지키지 않았어.
He never followed through on any of his promises.

* 다음 문장처럼 표현할 수도 있습니다.
  He never does what he says (he's going to do). 그는 (그가 할 거라고) 말한 것을 하지 않아.

5   See ~ through to the end ~의 끝을 보다 / See ~ through to fruition ~의 결실을 보다

그는 그것의 끝을 봤다.
He saw **it** through to the end.

그는 그의 계획들의 결실을 맺을 수 있었다.
He was able to see **his plans** through to fruition.

fruition 결실, 성과

그는 그의 계획들의 결실을 맺지 않았다.
He didn't see **his plans** through to fruition.

6   Stick-to-it-iveness 끈기

너는 좀 더 버티는 끈기가 필요해.
You need to have more stick-to-it-iveness.

그는 버티는 끈기를 가지고 있어.
He has stick-to-it-iveness.

7   Short-lived 금방 없어지는, 덧없는

그것은 금방 없어진 새해 결심이었어. 나는 그걸 오래 지키지 않았어.
It was a short-lived **New Year's resolution. I didn't stick to it very long.**

84편 '틀에 박힌 삶'을 영어로!

+ Introduction

마이클이 연세대학교 교정 숲에서 오래간만에 야외 촬영을 한다면서 인사를 하고 있습니다.

It's been a while but I'm finally filming outdoors again.

오랜만이지만 제가 드디어 다시 야외에서 촬영을 하고 있습니다.

---

1 In a rut 틀에 박혀

난 틀에 박힌 삶에 빠져 있어.
I'm stuck in a rut.

* in a rut은 비유적으로 '틀에 박혀', '판에 박힌'이라는 의미를 나타냅니다.
　stuck 갇힌, 빠져나갈 수 없는
　rut 바퀴가 수백 번 지나가면서 흙 길에 파인 자국

나는 틀에 박힌 것처럼 느껴져.
I feel like I'm (stuck) in a rut.

나는 틀에 박힌 삶에 잡혀 있어.
I'm caught in a rut.

나는 틀에 박힌 삶에 빠져서 거기서 나올 수가 없어.
I'm stuck in a rut and I can't get out of it.

PLUS <slump와 rut의 차이점>
I think I'm in a slump. 나는 슬럼프에 빠진 것 같아.
slump는 성공과 관련된 단어입니다. 일이 잘되다가 안되거나 할 때 쓸 수 있어요. 반면에 rut은 반복적인, 틀에 박힌 행동을 나타내며 지루하다는 것을 강조할 때 쓰입니다.

get out of ~에서 나가다, 떠나다

A: 안녕, 친구! 요즘 사는 거 어때?

Hey, man! How's life?

B: 맨날 똑같지. 나 약간 틀에 박힌 삶에 빠진 것 같아.

Same old, same old. I kind of feel like I'm stuck in a rut.

하루하루가 그냥 같은 일상이야. 나는 틀에 박힌 삶에 빠진 것 같아.

Every day is just the same routine. I feel like I'm stuck in a rut.

routine (판에 박힌) 일상

+ Plus

A: 넌 네가 틀에 박힌 삶에 빠져있다고 느끼니?

Do you ever feel like you're stuck in a rut?

B: 응, 사실 나는 오랫동안 그런 식으로 느껴 왔어.

Yeah, I've actually felt that way for years.

A: 오, 진짜? 우리 사는 걸 더 신나게 만들려면 뭘 해야 할까?

Oh, really? What should we do to make our lives more exciting?

B: 새로운 취미를 가져 보는 건 어때? 스카이다이빙이나 뭐 그런 거?

How about taking up a new hobby? Like skydiving or something?

take up (취미, 습관 등을) 시작하다

A: 좋은 생각 같은데.

Sounds like a plan.

+ Introduction

마이클이 하늘 공원에서 촬영을 하면서 하늘 공원(Sky Park)과 노을 공원(Sunset Park)에 대해서 이야기를 하고 있습니다.

landfill
매립지

The park was built on the former site of a landfill.
그 공원은 이전에 매립지였던 곳에 세워졌다.

---

be reborn
다시 태어나다

It was reborn as a beautiful park.
그곳은 아름다운 공원으로 다시 태어났다.

This (former) landfill was reborn/transformed into a beautiful park.
이 (구) 매립지는 아름다운 공원으로 새로 태어났어/완전 바뀌었어.

---

views
전경, 경치

The views here are jaw-dropping.
여기 경치는 입이 떡 벌어질 정도로 멋져.

The view is amazing.
경치가 멋져.

The park offers jaw-dropping views of the city.
그 공원은 입이 떡 벌어질 정도로 멋진 도시의 전경을 보게 해 준다.

---

1 No joke 장난이 아닌

너 그 사람 영어로 말하는 거 들어 본 적 있어? 장난 아니야!
Have you heard that guy speak English? It's no joke!

너 그 사람 영어 들어 봤어? 장난 아냐!

Have you heard that guy's English? It's no joke!

너 그 사람 벤치 프레스 하는 거 봤어? 장난 아냐!

Have you seen that guy bench press? It's no joke!

너 그 사람 야구공 치는 거 봤어? 그 사람 장난 아냐!

Have you seen that guy hit the baseball? He's no joke!

* no joke를 She's/He's no joke. (그 여자/그 남자 장난 아냐.)처럼 사람 뒤에서 쓸 수도 있고 It's no joke.(장난 아냐.)처럼 쓸 수도 있습니다. 이 표현은 주로 누군가의 실력이나 힘에 대해 이야기할 때 씁니다.

너 그 사람 바이올린 연주하는 거 들어 본 적 있어? 그 사람 장난 아냐! 그 사람 프로 같아. 그는 줄리아드 음대 출신인 게 틀림없어.

Have you heard that guy play the violin? He's no joke!
He's like a pro. He must have gone to Julliard.

pro 프로 (선수)

그걸 가볍게 받아들이지 마! 넌 이 회의를 심각하게 받아들여야 해! 그 사람 장난 아냐!

Don't take it lightly! You need to take this meeting seriously!
That guy is no joke!

* He's not a pushover! (그는 만만한 사람 아냐!)와도 비슷한 의미라고 할 수 있습니다.
  lightly 가볍게, 부드럽게

그 길 정말로 가팔라. 장난 아냐!

That path is really steep. It's no joke!

* 이 표현은 무언가가 힘들고 어렵다고 말할 때도 씁니다.
  steep 가파른, 비탈진

그 계단들 장난 아냐.

Those stairs are no joke.

stair 계단

토익 시험 본 적 있어? 장난 아냐!

Have you taken the TOEIC? It's no joke!

너 거기 버팔로 윙 먹어 본 적 있어? 거기 윙 장난 아냐!

Have you tried their buffalo wings? Those wings are no joke!

* 이 표현은 음식에 대해서 말할 때도 쓸 수 있습니다.(매우 맛있거나 또는 맵다는 의미로)

+ Plus

A: 너 그 새로운 온라인 영어 강의들 봤어? 걔네들 완전 웃기던데! 걔네들 그냥 다른 유튜버들이 이미 무료로 가르쳐 왔던 것들을 가르치고 있어.

Have you seen those new online English classes? They're a total joke! They just teach stuff other YouTubers have already taught for free.

total 완전한, 전면적인
stuff 것, 물건, 물질
for free 공짜로, 무료로

B: 진짜? 글쎄, 걔네 강의들은 웃길지 몰라도 걔네들이 벌어들이는 돈은 장난 아닌 거 확실해!

Really? Well, their classes may be a joke, but I bet the money they're making is no joke!

I bet 틀림없이 ~이다

A: 맞아, 확실히 그럴 거야.

Yeah, that's for sure.

86편 '욱하다'를 영어로!

+ Introduction

마이클이 북한산 둘레길에서 촬영을 하면서 둘레길에 대한 이야기를 하고 있습니다.

The path that goes around Bukhan Mountain

북한산 둘레길

* circumference가 '둘레'라는 뜻이기는 하지만 '둘레길'이라고 할 때 circumference path라고 하지는 않습니다.

I finally got around to it.

제가 마침내 그걸 하게 되었어요.

* 해야 하는 일을 미루다가 드디어 하게 될 때 쓰는 표현이에요.

I've been wanting to do this lecture for a long time.

저는 오랫동안 이 강의를 하고 싶었어요.

* 예전에는 want에 ~ing형태를 쓰지 않았으나 지금은 허용이 됩니다.

1   Snap at ~에게 욱하다 / Snap 한순간에 무너지다, 갑자기 폭발하다

그는 나한테 욱했어.

He snapped at me.

snap 딱하고 소리 내다, 딱 하는 소리
I'm snapping along to the beat. 나는 그 박자에 맞춰서 손가락을 튕기고 있어.
I'm snapping to the beat of the music. 나는 그 음악 박자에 맞춰서 손가락을 튕기고 있어.

나한테 그렇게 욱하고 화내지 마!
Don't snap at me like that!

너 왜 나한테 계속 욱하고 화내?
Why do you keep snapping at me?

사장님은 나한테 아무 이유 없이 욱하고 화냈어.
The boss snapped at me for no reason.

reason 이유, 까닭

엄마한테 그렇게 욱하고 화내지 마!
Don't snap at your mother like that!

그는 항상 나한테 욱하고 화내.
He's always snapping at me.

* 다음 문장들도 비슷한 의미를 나타냅니다.
  That guy is such a hothead! 그 사람은 정말로 다혈질이야!
  He gets angry at the drop of a hat! 걔는 툭하면 화내!
  He completely lost it! 걔는 완전히 참지 못하고 화를 냈어!
  He lost his composure. 그는 평정심을 잃었어.

그는 직장을 잃은 후에 완전히 한순간에 무너졌어.
After he lost his job, he completely snapped.

* snap은 '(감정 등이) 한 순간에 무너지다, 갑자기 폭발하다'라는 의미로 snap at보다 더 강도 높은 표현입니다.
* He completely lost his s**t! 그는 완전 뚜껑 열렸어!(옆에 나온 s**t는 욕이어서 **를 넣어서 표기했습니다.)

+ Introduction

마이클이 청계천에서 촬영을 하면서 예전에 자주 다녔던 곳이라는 이야기를 하고 있습니다.

stomping ground

(어떤 사람이) 자주 가는 곳

These are my old stomping grounds!

여기는 내가 예전에 자주 다녔던 곳이야!

---

1 Frame 누명 씌우다

이거 나한테 누명 씌우려고 하지 마!
Don't try to frame me for this!

frame (동)누명 씌우다 (명)액자

그는 자신의 범죄에 대해서 자기 친구들에게 누명을 씌우려고 했다.
He tried to frame his friends for his crime.

crime 범죄

그는 살인 누명을 쓰게 되었다.
He was framed for the murder.

murder 살인, 살해

경찰은 그의 공범자들 중 하나가 그 절도/강도에 대해서 그에게 누명을 씌우려고 했다고 말한다.
The police say that one of his accomplices tried to frame him for the theft/robbery.

accomplice 공범(자) | theft 절도 | robbery 강도

그는 누명을 쓴 거야!

He was framed!

나는 누명 쓴 거야!

I've been framed!

*set up도 frame과 같은 의미로 쓸 수 있습니다.
 I've been set up! 나는 누명 쓴 거야!
 It was all a setup. 그건 모두 모함이야.

〈당신의 같은 반 친구들 중 하나가 다른 학생의 시험지를 베껴 쓰려고 했다고 잠깐 가정해 봅시다.〉
Let's pretend for a second that one of your classmates was trying to cheat off of another kid's paper.
〈그는 커닝하다가 걸렸습니다.〉
He got busted for cheating.

그는 그의 친구에게 누명을 씌우려고 했다.

He tried to frame his friend.

커닝을 한 건 그였는데 그는 그것에 대해서 그의 친구에게 누명을 씌우려고 했다.

He was the one who was cheating but he tried to frame his friend for it.

88편 '사이가 멀어지다'를 영어로!

+ Introduction

마이클이 오늘의 촬영지인 문호리로 이동하는 영상을 보여주고 있습니다. 지하철과 버스를 타고 멋진 곳으로 이동할 수 있는 것에 신기해 하고 있습니다.

riverside, river's edge
강가, 강변

right along the riverside
강변 바로 따라서

riverbanks
강둑, 강기슭

---

1   Have a falling-out 갑자기 사이가 나빠지다

그들은 갑자기 사이가 나빠졌어요.
They had a falling-out.

* They had a fight.은 '그들은 싸웠어요.'라는 의미입니다.

---

2   Be not on speaking terms 말을 건넬 정도의 사이가 아니다

그들은 이제 말 안 하는 사이가 됐어요.
They're not on speaking terms **anymore.**

* They're no longer on speaking terms.도 같은 의미를 나타냅니다.
  terms 사이, 관계

---

3 | Grow apart 서서히 사이가 멀어지다

그들은 서서히 사이가 멀어졌어요.
They've grown apart.

우리는 서서히 사이가 멀어지고 있는 것 같아요.
I think we're growing apart.

우리는 서서히 사이가 멀어진 것 같아요.
I think we've grown apart.

+ Plus

A: 그래서, 너 이제 혼자 힘으로 살고 있다면서, 그래?
So, you're living on your own now, huh?

B: 응, 아버지랑 나랑 갑자기 사이가 나빠졌어. 아버지가 계속해서 나한테 일자리 찾는 것 가지고 귀찮게 했거든.
Yeah, my dad and I had a falling-out. He kept bugging me about finding a job.

bug ~ about …에 관해 ~를 귀찮게 하다

A: 음, 네 나이에 말야, 넌 그게 좋은 생각 같지 않니? 아마도 아버지 말씀에 맞는 게 있었을 거야.
Well, at your age, don't you think that's a good idea? Maybe he had a point.

point 요점, 중요한 말이나 것

+ Introduction

마이클이 벚꽃을 배경으로 강의를 촬영하고 있습니다.

put something off
미루다

I've been putting it off for more than a year.
제가 그것을 1년 넘게 미뤄 왔어요.

---

1   Nitpick 트집 잡다 / Nitpicking 트집 잡기 / Nitpicker 트집 잡는 사람

트집 잡지 마!
Don't nitpick! / Stop nitpicking! / No nitpicking!

넌 왜 항상 트집을 잡니?
Why are you always nitpicking?

넌 왜 항상 계속해서 트집을 잡아?
Why do you keep nitpicking all the time?

all the time 항상, 내내

넌 완전히 트집쟁이야!
You're such a nitpicker!

트집쟁이 짓 좀 하지 마!
Don't be such a nitpicker!

* lice (머리에 있는) 이 | nit 이의 알
알을 잡는 것을 nitpicking이라고 하는데 이것이 '트집 잡기'라는
의미로 쓰이고 있습니다.

트집 잡으려고만 하는 거 그만 해!

Stop all your nitpicking!

난 네가 트집 잡으려고 하는 거 지겨워!

I'm sick of your nitpicking!

be sick of ~에 넌더리 나다

---

2 | Find fault with 흠을 찾다

나한테서 흠 좀 찾으려고 하지 마!

Stop trying to find fault with me!

fault 잘못, 결함, 결점

그거에서 흠 좀 찾으려고 하지 마!

Stop trying to find fault with it!

그 남자한테서 흠 좀 찾으려고 하지 마!

Stop trying to find fault with him!

+ Introduction

마이클이 서울 시내 전경이 뒤로 보이는 북한산에서 촬영을 하고 있습니다.

The view here is amazing!

여기 전경이 대단해요!

I can see the Seoul skyline.

서울 시내 스카이라인이 다 보여.

The outline of the city / Cityscape

도시의 윤곽

---

in bloom

꽃이 핀

The flowers are in bloom.

꽃들이 피었어요.

The flowers are in full bloom.

꽃들이 활짝 피었어요.

---

bloom

꽃이 피다

The flowers are starting to bloom.

꽃들이 피어나기 시작했어요.

---

go for a hike

등산 가다

Let's go for a hike this weekend!

이번 주말에 등산 가자!

hiking 등산
rock-climbing 암벽 등반

---

1 A matter of time 시간 문제

그건 시간 문제일 뿐이다.
It's only a matter of time.

~하는 것은 시간 문제일 뿐이다
It's only a matter of time **before ~**

그가 성공하는 것은 시간 문제일 뿐이다.
It's only a matter of time **before he succeeds.**

succeed 성공하다

그의 성공은 시간 문제일 뿐이다.
His success is only a matter of time.

* 이렇게도 쓸 수 있지만 보통은 before가 들어간 위의 표현을 많이 씁니다.
　success 성공

네가 매일 운동하고 식이요법을 고수하는 것으로 판단했을 때 체중 감량은 시간 문제일 뿐이야.
Judging from the way you're exercising every day and sticking to your diet, losing weight is only a matter of time.

* lose my weight처럼 my(소유격)를 넣지 말고 그냥 lose weight이라고 써야 합니다.
　judge from ~로부터 판단하다
　stick to ~을 계속하다(어려움을 견디고)

네가 살을 빼는 것은 시간 문제일 뿐이야.
It's only a matter of time **before you lose some weight.**

* lose some weight 대신에 shed those pounds라고 쓸 수도 있어요.

이 속도로 계속 간다면 너의 영어가 유창해지는 것은 시간 문제일 뿐이야.
At this rate, it's only a matter of time **before you're fluent in English.**

rate 속도, 비율 | fluent 유창한, 능숙한

만약에 네가 계속해서 공부한다면 넌 영어 회화를 곧 잘하게 될 거야. 그건 단지 시간 문제일 뿐이야.

If you keep studying, you'll be conversational in English soon. It's just a matter of time.

conversational 스스럼 없는, 회화의

네가 토익/토플 만점을 받는 건 시간 문제일 뿐이야.

It's only a matter of time before you ace the TOEIC/TOEFL.

그가 미국으로 돌아가는 건 시간 문제일 뿐이야. 그는 결국 미국으로 돌아갈 거야.

It's only a matter of time before he goes back to America. He'll eventually go back to America.

eventually 결국, 마침내

그의 해고는 시간 문제일 뿐이야.

Him getting fired is only a matter of time.

그가 해고되는 건 시간 문제일 뿐이야.

It's only a matter of time before he gets fired.

get fired 해고되다

그 사람이 (비밀 같은 것) 알게 되는 것은 시간 문제일 뿐이야.

It's only a matter of time before he finds out.

* find out 대신에 figure out을 쓸 수도 있습니다.

1　Every other day 격일로

저는 격일로 한국어 수업을 해요.
I have Korean class every other day.

저는 보통 이틀에 한 번씩 운동해요.
I usually exercise every other day.

전 보통 격주로 부산에 있는 집에 가요.
I usually go home to Busan every other week.

* every other month 격월로(두 달에 한 번)

자라면서 격년으로 한국에 살았어요.
Growing up, I spent every other year in Korea.

grow up 자라다

2　Every second day 이틀 마다

이틀 마다 / 이틀 걸러로 / 사흘 걸러로
Every second day / Every third day / Every fourth day

격주로 우리는 휴식을 / 휴가를 가집니다.
Every second week, we take a break/hiatus.

* hiatus는 '중단', '휴지기'라는 의미인데 방송계에서는 '휴가'라는 의미로 씁니다.

우리는 격주로 쉬어요.
We take a break every second week.

1 | Like ~라고 말했다

그리고 내가 ~라고 말했다
Then I was like, ~

그리고 내가 '꺼져!'라고 말했다.
Then I was like, "Go away!"

그리고 내가 '내 잘못이었다!'라고 말했다.
Then I was like, "My bad!"

그리고 내가 '미안해.'라고 말했다.
Then I was like, "I'm sorry."

그리고 내가 '정말 미안해.'라고 말했다.
Then I was like, "I'm so sorry."

그리고 그가 '괜찮아.'라고 말했다.
Then he was like, "No problem."

그리고 그가 '꺼져!'라고 말했다.
Then he was like, "Buzz off!"

그리고 그가 '비켜. 꺼져.'라고 말했다.
Then he was like, "Move on. Shove off."

그리고 내가 '미안해. 너 왜 그렇게 화났어?'라고 말했다.
Then I was like, "I'm sorry. Why are you so upset?"

---

2   Go ~라고 말했다

그리고 그는 '나 좀 내버려 둬!'라고 말했다.
Then he went, "Leave me alone!"

그리고 내가 '왜? 내가 뭘 잘못했길래?'라고 말했다.
Then I went, "Why? What'd I do?"

그리고 내가 '우리 좀 내버려 두는 게 어때?'라고 말했다.
Then I go, "Why don't you just leave us alone?"

그리고 그가 '왜냐하면 그건 내 일이니까.'라고 말했다.
Then he goes, "Because it's my job."

* 여기서 과거에 대해서 이야기하지만 현재형인 go를 쓸 수도 있습니다.
* <고급 영어로 '말하다'를 표현할 수 있는 방법>
  remark 발언하다
  Then he remarked, "~." 그리고 그가 ' ~.'라고 말했다.
  quip 비꼬면서 말하다
  snarl 성질내면서, 소리 지르면서 말하다
  bark 화내면서 소리 지르면서 말하다
  "Go away!" he barked. '꺼져!'라고 그는 소리 지르면서 말했다.
  Stop barking orders at me! 나에게 짖어대듯이 명령하지 마!

PLUS '건전하게 놀다'를 영어로!
1. Good, clean fun 술 없이 이성과 놀지 않으면서 건전하게 놀다
We're just having some good, clean fun. 우린 건전하게 놀고 있을 뿐이야.
Let's steer clear of the casinos and just have some good, clean fun at the lake. 우리 카지노를 피해서 호수에 가서 건전하게 놀자.
steer clear of ~을 피하다, 멀리하다
2. Wholesome 건전한
Wholesome fun 건전한 오락, 놀이

+ Introduction

마이클이 캘리포니아 남부에 있는 샌 하신토(San Jacinto)산에 와서 촬영을 하고 있습니다. 우리가 케이블카(cable car)라고 말하는 것을 aerial tramway/gondola/chairlift라고도 부른다고 합니다.

It was 105 degrees Fahrenheit! (41 Celsius)

화씨로 105도(섭씨 41도)였어요!

The climate is different up here!

여기 위는 기후가 달라요!

1 Rest on one's laurels 이미 얻은 영예/승리에 만족하다, 성공에 안주하다

네 성공에 안주하지 마.

Don't rest on your laurels.

laurel 월계수
The conquering general wore a crown of laurel at his triumph. 전쟁에 승리한 장군은 승리를 기념하는 월계관을 썼다.

그는 절대로 성공에 안주하지 않았다. 그는 죽는 날까지 의욕을 가진 채로 있었다.

He never rested on his laurels. He stayed motivated until his dying day.

motivated 의욕을 가진, 동기가 부여된

2   Be satisfied with what you have 네가 가진 것에 만족하다

네가 가진 것에 만족하지 마라.
Don't be satisfied with what you have.

네가 성취한 것을 가지고 만족하지 마라.
Don't be satisfied with what you've accomplished.

accomplish 성취하다, 해내다

네가 가진 것으로 너무 만족해서는 안 된다.
You should never be too satisfied with what you have.

네가 가진 것으로 네 자신이 만족하게 두지 말아라.
Don't let yourself be satisfied with what you have.

네가 가진 것으로 네 자신이 만족하게 허락하지 말아라.
Don't allow yourself to be satisfied with what you have.

* Stay hungry! Stay curious! Stay foolish!
  항상 (배고픈 것 같이) 열심히 살아라! 항상 호기심을 갖고 궁금해하라! 항상 (다른 사람이 바보라고 여길만큼) 어리석지만 의미 있게 살아라!

당신이 가진 것으로 절대로 만족하지 마세요!
Never be satisfied with what you've got!

* Always stay driven! 항상 의욕이 넘치는 상태로 사세요!
  He's a very driven person. 그는 매우 의지력이 강한 사람이다.
  He has a lot of drive. 그는 의지력이 강한 사람이다.

+ Introduction

dress up
옷을 갖춰 입다

I got dressed up for the show!
이 방송을 위해서 차려 입었어요!

What's with the ~?
웬 ~ ?

A: **What's with the suit, man?**
웬 양복이야?

B: **I had a job interview today.**
오늘 면접 있었어.

* suit 자리에 necktie(넥타이), briefcase(서류 가방) 등의 단어를 넣어서 도 말할 수 있어요.

---

1 **Unlike someone** 누군가답지 않게

양복을 입는 게 그답지 않아.
It's unlike him to wear a suit.

그는 항상 편하게 입어. 나는 걔가 양복 입은 거 한 번도 본 적이 없어. 양복을 입는 게 정말 그답 지 않아.
He always dresses casually. I've never seen him in a suit.
It's so unlike him to wear a suit.

* A: He looks so awkward in that suit. 걔가 저 양복 입으니까 정말 어색해 보인다.
  B: Yeah, it doesn't look very natural at all. 맞아, 전혀 자연스러워 보이지가 않아.

  casually 간편하게, 일상적으로

A: 그녀는 절대로 늦지 않아. 그녀에게 뭔가 안 좋은 일이 일어난 건 아닌지 모르겠어.
She's never late. I wonder if something bad happened to her.

happen 일어나다

B: 그녀가 늦는 게 (그리고 우리에게 알려주지 않은 게) 정말 그녀답지 않아.
It's so unlike her to be late (and not let us know).

A: 넌 그녀가 정말로 그렇게 말했다고 생각해?
Do you think she really said that?

B: 거짓말을 하다니 정말 그녀답지 않아.
It's so unlike her to tell a lie.

tell a lie 거짓말하다

A: 그녀가 어디에 있는 걸까?
Where could she be?

B: 통금 시간 안 지키는 게 그녀답지 않아. 그녀는 정말로 착한 아이인데.
It's unlike her to miss curfew. She is such a good kid.

* so a good kid는 틀린 표현입니다.
  curfew 통행 금지 시간, 귀가 시간

2 Not like someone 누군가답지 않게

A: 그녀는 어디에 있을까?
Where is she?

B: 사람들을 기다리게 하는 게 그녀답지 않아.
It's not like her to keep people waiting.

3 (How) just like someone to ~ 하는 게 정말 누군가답군!

문제 다 일으키고 남한테 책임을 돌리려고 하는 게 정말 너답군!

How just like you to cause trouble and then try to blame someone else!

* 비꼬는 의미로 많이 쓰는 표현입니다. just는 강조의 뜻을 나타내요.
  cause ~을 야기하다, 초래하다

큰 실수를 저지르고 (책임을 떠넘길 수 있는) 희생양을 찾으려고 하는 게 정말 그 사람다운 행동이다.

It's just like him to make a big mistake and then try to find a scapegoat.

scapegoat 희생양

큰 실수를 저지르고 그걸 다른 사람 탓하려고 하다니 정말 너답군!

How just like you to make a big mistake and try to blame someone else for it!

* To throw someone under the bus 누군가를 희생양으로 만들다
  Don't blame me for your mistakes! 너 자신의 실수를 가지고 나를 탓하지 마!

+ Plus

A: 존 아직도 도착 안 했어?

John still hasn't arrived?

B: 안 했어. 자기 자신의 생일 파티에 늦고 있다니 정말 걔답네.

No. It's just like him to be late to his own birthday party.

95편 '자기 관리하다'를 영어로!

+ Introduction

* '관리하다'가 manage라고 해서 '그가 자신을 관리한다.'라는 말을 He manages himself.라고 하지는 않습니다. 아래 예문처럼 manage to는 '힘든 일을 해내다'라는 의미를 나타냅니다.

How did you manage to get here before us?

(우리가 먼저 출발했는데) 어떻게 우리보다 먼저 도착했죠?

How did you manage to get that promotion? You barely even work!

어떻게 승진을 해낼 수 있었나요? 당신은 거의 일도 하지 않았잖아요!

---

1 Let oneself go 자기 관리 안 하다

우와, 그 사람 자기 관리 진짜 안 했네요! 못 알아볼 뻔했어요.

Wow, he really let himself go! I could barely recognize him.

* let oneself go는 직역하면 '자기 자신을 가게 하다/두다'라는 뜻이지만 비유적으로 '자기 관리를 (풀어두고) 하지 않다'라는 의미를 나타냅니다.
  He was raising a wild bird, but he let it go. 그는 키우던 야생 새를 풀어 줬어요.

  barely 거의 ~아니게
  recognize 알아보다, 알다

나는 그냥 (체념하고) 자기 관리 안 하고 막 살기로 결정했다.

I decided to just let myself go.

decide to ~하기로 결정하다

그 사람 옛날에 젓가락처럼 말랐었는데…자기 관리 진짜 안 했네요!

He used to be (as) skinny as a rail. He really let himself go!

skinny as a rail 몸이 무척 마른

그 사람 옛날에 모델 같았었는데…자기 관리 진짜 안 했네요!

He used to look like a model. He really let himself go!

* let someone/something go 누군가/무언가를 풀어주다 = let someone/something out
Who let the dogs out? 누가 개를 풀어 놓았어?

2013년에 뭔가 안 좋은 일이 일어났나요? 당신 자기 관리 진짜 안 했네요!

Did something bad happen to you in 2013? You really let yourself go!

PLUS Wow, you really hold a grudge! 와, 당신 정말 뒷끝 있는 사람이네요!

---

2   Take good care of oneself 자기 관리 잘하다

그는 자기 관리를 정말 잘해요.

He really takes good care of himself.

그녀는 영양가 있는 음식을 먹어요. 그녀는 마른 몸매를 유지합니다. 그녀는 자기 관리를 잘합니다.

She eats nutritious food. She stays slim. She takes good care of herself.

nutritious 영양분이 많은
slim 날씬한

자기 자신을 잘 관리하는 것은 중요해요!

It's important to take good care of yourself!

당신 도대체 왜 자기 관리를 더 잘하지 않아요?

Why won't you just take better care of yourself?

(권유) 자기 관리를 잘하는 게 어때요?

Why don't you take good care of yourself?

(권유) 자기 관리를 더 잘하도록 노력하는 게 어때요?

How about making an effort to take better care of yourself?

make an effort 노력하다, 애쓰다

그 사람 옛날에 진짜 잘생겼었는데…그가 자기 관리 잘하지 못한 거 정말 아쉬워요.

He used to be so handsome. It's a shame that he didn't take better care of himself.

It's a shame that ~이 아쉬워요

+ Plus

A: 너 무슨 일 있어? 정말로 화나 보여.

What's wrong with you? You look really upset.

B: 응, 나 방금 내 유튜브 댓글 확인했는데 누군가가 못된 말들을 써 놨어.

Yeah, I just checked my YouTube comments and someone said some mean things.

A: 오, 진짜? 뭐라고 했는데?

Oh, really? What did they say?

B: 뭐라고 했냐면 내가 예전에는 잘생겼었는데 지금은 정말 자기 관리 안 하고 있대.

They just said I used to be handsome but I really let myself go.

A: 그런 말에 신경 쓰지 마. 가자. 내가 술 한잔 사줄게.

Don't let it get to you. Come on. I'll buy you a drink.

get to ~를 괴롭히다, ~에게 영향을 미치다

96편 '지겹다, 질리다'를 영어로!

1. I'm (really/so) sick of ~ 난 ~가 (정말로) 지겨워

네 거짓말 지겨워.
I'm sick of your lies.

lie 거짓말

네 거짓말들 이제 좀 지겨워지려고 해!
I'm starting to get a little sick of your lies/lying!

lying 거짓말

숙제 정말 지겨워!
I'm so sick of homework!

homework 숙제

나는 그게 지겨워. 나는 그냥 그만두고 다 포기하고 싶어.
I'm sick of it. I just want to quit and give it all up.

quit 그만두다
give up 포기하다

학교 다니는 게 너무 지겨워서 가끔씩 그냥 자퇴할까 생각하기도 해요.
I'm so sick of school that sometimes I even think about dropping out.

drop out 중퇴하다

길이 항상 이렇게 막히는 거 너무 지겨워! 더 이상 못 견디겠어!
I'm so sick of this traffic! I can't take it anymore!

traffic (특정 시간에 도로상의) 차량들, 교통(량)

나는 이 추운 날씨가 정말로 지겨워. 더 이상 못 견디겠어!
I'm so sick of this cold weather. I can't take it anymore!

나는 이 콜로라도 날씨가 정말로 지겨워. 나는 이 눈과 얼음이 정말로 지겨워.
I'm so sick of this Colorado weather. I'm so sick of this snow and ice.

난 네가 항상 늦게 오는 게 정말 지겨워.
I'm so sick of you always showing up late.

난 그가 결코 약속을 지키지 않는 게 점점 지겨워지고 있어.
I'm getting a little sick of the way he never keeps his word.

keep one's word 약속을 지키다

2 | I'm fed up with ~ 난 ~에 질려

나는 너에게 점점 질리고 있어!
I'm starting to get a little fed up with you!

너의 안 좋은 행동에 이제 점점 질리고 있어!
I'm starting to get a little fed up with your bad behavior!

너의 안 좋은 태도에 이제 점점 질리고 있어!
I'm starting to get a little fed up with your bad attitude!

attitude 태도

난 네가 항상 그렇게 약속 안 지키는 데 이제 점점 질리고 있어.
I'm starting to get a little fed up with you not keeping your promises.

+ Introduction

마이클이 오늘의 영어 표현(Expression of the Day) 강의들을 한눈에(at a glance), 단번에(in one sitting) 모두 볼 수 있도록 재생 목록을 만들어 두었다는 이야기를 하고 있습니다.

1 Almost ~ 거의 ~할 뻔하다

우리 비행기 놓칠 뻔했어요.
We almost missed our flight.

miss 놓치다, 지나치다
flight 항공기, 여행, 비행

부산행 기차를 놓칠 뻔했어요. 기차 무사히 타서 다행이다! 오늘 나머지 기차들은 좌석이 하나도 없거든요.
I almost missed the/my train to Busan. It's a good thing I caught the train! There are no seats left on any of the other trains today.

PLUS head 가다, 향하다
Everyone is heading home for the holiday. 명절이라 다들 고향으로 가고 있어요.
It's a good thing ~ ~해서 다행이다

저는 그녀의 이름을 잊어버릴 뻔했어요.
I almost forgot her name.

저는 그녀의 생일이라는 걸 깜빡할 뻔했어요.
I almost forgot it was her birthday.

전 그게 비밀이라는 걸 깜빡하고 말할 뻔했어요.

I almost forgot it was a secret and spilled the beans.

* Don't let the cat out of the bag! 비밀을 누설하지 마!
  spill the bean 무심코 말해버리다, 비밀을 누설하다

저 그녀에게 비밀인 걸 깜빡하고 그 깜짝 파티에 대해서 말할 뻔했어요.

I almost spilled the beans and told her about the surprise party.

저 무대에 올라서 아주 긴장했어요. 그녀의 이름을 깜빡할 뻔했어요. 하지만 운 좋게도 마지막 순간에 그걸 기억해 냈어요.

I got on stage and I was so nervous. I almost forgot her name. But luckily, I remembered it at the last moment.

nervous 긴장되는, 불안한
luckily 운 좋게, 다행히
at the last moment 마지막 순간에

길이 다 얼었어요. 저 넘어질 뻔했어요.

The street was really icy. I almost fell down.

icy 얼어붙은
fall down 넘어지다

우리는 시험에서 컨닝하고 있었는데 거의 걸릴 뻔했어요!

We were cheating on the test and we almost got caught!

cheat 부정행위를 하다
get caught 잡히다

우린 거의 걸릴 뻔했어요!

We almost got busted!

get busted 딱 걸리다, 들키다
He was speeding and he got busted. 그는 속도위반을 하고 있었는데 경찰에게 잡혔어요.
He got busted for speeding. 그는 속도위반으로 잡혔어요.
He didn't buy a ticket. He just jumped over the turnstile and got on the train. But he got busted. 그는 표를 사지 않았어요. 그는 그냥 개찰구를 뛰어넘어서 기차에 탔어요. 하지만 그는 잡혔어요.

그녀에게 감사하다는 말씀 드린다는 거 깜빡할 뻔했어요.

I almost forgot to thank her.

* 남의 도움을 인정해 주는 것을 acknowledge someone이라고 하기도 합니다.

저 어젯밤에 너무 취해서 넘어질 뻔했어요.

I was so drunk last night I almost fell down.

저 어젯밤에 너무 취해서 필름 끊길 뻔했어요.

I was so drunk last night I almost blacked out.

* 여기서 '취한'을 drunken으로 쓰면 안 됩니다.
* <관련 표현>
  Barely ~ 간신히 ~하다
  We just barely caught the train. 우리는 기차를 간신히 탔어요.
  Nearly ~ ~할 뻔하다(almost와 비슷합니다)
  We nearly missed the train. 우리는 기차를 놓칠 뻔했어요.
  Close 가까운, 거의 ~할 뻔한
  Phew, that was a close call! 휴, 큰일 날 뻔했네!(거의 걸릴 뻔했네!)
  He almost scored a goal. It was so close! 그 사람 거의 득점할 뻔했어. 정말로 들어갈 뻔했는데(아깝네)!

+ Plus

A: 존의 성적표 봤어?

Did you see John's report card?

B: 응, 나 걔한테 거의 이성을 잃을 뻔했어.

Yeah, I almost lost my temper with him.

lose one's temper 흥분하다, 화내다

A: 음, 나는 당신이 걔한테 너무 심하게 하지 않았으면 해. 내 생각에 걔는 최선을 다하고 있어.

Well, I hope you weren't too hard on him. I think he's trying his best.

B: 정말로? 나는 걔가 자신의 잠재력에 부응하지 못하고 있는 것 같은데.

Really? I don't think he's living up to his potential.

live up to (기대에) 부응하다
potential 잠재력, 가능성

+ Introduction

마이클이 최근에 동영상을 보면서 깨닫게 된 것이 있다고 이야기합니다.

realization
깨달음

I had a sudden realization.

갑자기 깨닫게 된 게 있었어요.

I suddenly realized.

It suddenly occurred to me.

It suddenly dawned on me.

occur to ~에게 생각이 떠오르다

---

epiphany
깨달음

I had an epiphany.

저는 깨달았어요.

* 좀 더 고급스러운 표현입니다.

It suddenly dawned on me that I never ask people to subscribe to the channel.

저한테 갑자기 떠오른 게 제가 채널을 구독해 달라고 말하지 않는다는 것이었어요.

---

* '생활화하다'는 말은 다음 문장들처럼 표현합니다.

I should make a habit (out) of it.

나는 그것을 습관으로 만들어야겠다.

I should incorporate it into my daily life.

나는 그것을 내 일상생활 속에 포함시켜야겠다.

---

1   **Show off** 과시하다, 자랑하다

그는 항상 자기 영어 실력을 과시하려고 해.
He's always showing off his English ability.

show 보여주다

2   **It shows** 티 나다 / **Let it show** 티 내다

그녀는 진짜로 화났고 그게 티 나요.
She's really angry and it shows.

그는 진짜 부자이고 그게 티 나요.
He's really rich and it shows.

그는 게으르고 그게 티 나요.
He's lazy and it shows.

* 명백한 사실에 대해서 이야기할 때는 It's obvious를 씁니다.
PLUS He's a rich. (X) / He's rich. (O)
rich는 형용사이므로 앞에 관사를 쓸 수 없습니다.

티 내지 마!
Don't let it show!

네가 화난 거 알겠는데 티 내지 마!
I know you're upset, but don't let it show!

네가 무서워하는 거 알아. 나도 그래. 하지만 티 내지 마!
I know you're afraid. I'm afraid too. But don't let it show!

난 네가 슬프다는 거 알아. 네가 아까 울고 있었던 거 알아. 하지만 티 내지 마!

I know you're sad. I know you were crying earlier. But don't let it show!

너 충격받은 거 알아. 그런데 티 내지 않도록 노력해 봐.

I know you're shocked, but try not to let it show.

shocked 충격을 받은

그 사람이 한 말에 충격받은 거 알아. 그런데 티 내지 않도록 노력해. 티 내면 상황이 악화될 뿐이야.

I know you were shocked by what he said, but try not to let it show. That'll only make things worse.

make things worse 사태를 악화시키다

A: 저 사장님 만날 때마다 너무 긴장돼요.

I'm so intimidated by the boss.

intimidated 긴장되는
intimidating 긴장시키는(사전에 나오는 '협박하는', '겁 주는'이란 뜻으로는 잘 안 쓰입니다.)

B: 알아. 그런데 티 내지 마.

I know. But don't let it show.

PLUS play it cool 쿨한 척하다
play dumb 시치미 떼다 Stop playing dumb. 시치미 떼지 마.
play hard to get 튕기다

99편 '적어도, 최소한'을 영어로!

+ Introduction

마이클이 고향 덴버에서 촬영하고 있습니다. 어제까지 습도 높고 무더운 미국 남부 여행을 했었는데 지금은 날씨가 추운 덴버로 돌아왔다고 합니다.

breath
입김, 숨

It was so cold I could see my breath.
너무 추워서 입김이 보일 정도였어요.

---

bundle up
따뜻하게 입다

Bundle up! It's freezing out there!
따뜻하게 입어요! 밖이 엄청 추워요!

Make sure you bundle up. It's really cold outside.
꼭 따뜻하게 입어요. 밖이 정말로 추워요.

---

a matter of time
시간 문제

It's just a matter of time before it's this cold in Korea as well.
한국도 이 정도로 추워지는 건 단지 시간 문제지요.

---

jetway
(항공기의) 이동식 탑승교

I was still in the jetway, but I could already see my breath.
저는 (밖에 나가지도 않고) 아직 제트웨이 안에 있었는데 벌써 제 입김을 볼 수 있었어요.

---

off the beaten path
(직역) 많이 밟힌 길에서 벗어난
(의역) 덜 알려진

Off the beaten path travel
덜 알려진 곳으로의 여행

---

footage
장면, 화면

I wasn't able to use that footage.
그 촬영 영상을 사용할 수 없었어요.

1 At least 적어도

약속을 취소하려면 적어도 몇 시간 전에는 미리 알려 줘야/전화해 줘야 되는 거 아냐?

If you were going to cancel on me, you could've at least told/called me a few hours beforehand.

* cancel on 대신 bail on을 써도 됩니다. keep the appointment/promise 등의 표현은 여기서 쓰지 않습니다.
* If you were gonna bail on 네가 약속 안 지킬 거였으면
  If you weren't going to show up (make it) 네가 안 올 거였으면
  If you knew you couldn't make it 네가 못 올 거라는 거 알았다면
* at the very least는 at least보다 더 강조된 말로 '최소한, 아무리 못해도'라는 의미를 나타냅니다.

  beforehand 사전에, ~ 전에 미리

지난번 다닌 회사는 일이 많긴 했지만 적어도 월급을 늦게 주지는 않았어요.

The workload was heavy at my last job, but at least they paid me on time.

* '내가 예전에 일했던 회사'의 여러 표현들
  The last place I worked / The last company I worked for / The company I used to work for
* I'm still at work. (o) 나 회사에 있어.
  I'm at my company. (x)
* '적어도 난 월급은 항상 제때에 받았어.'의 다른 표현들
  At least I always got paid on time.
  At least I always got my paycheck on time.

  workload 업무량
  heavy 많은, 심한
  on time 시간을 어기지 않고, 정각에

스무 살이 넘었으면 적어도 자기 용돈은 스스로 벌도록 해야 한다.

Now that you're in your 20s, you should at least try to earn enough for your own spending money.

* '용돈'은 pocket money / walking-around money라고도 할 수 있어요.

넌 적어도 네 월세는 낼 필요가 있어!

You at least need to pay your own rent!

친구들하고 놀더라도 최소한 외박은 하지 말아야지.

It's fine with me if you hang out with your friends, but you at least need to make it home afterwards.

* 여기서 성인들이 노는 것은 hang out이라고 해야지 play를 쓰면 안 됩니다.
  Stop playing games with her! 그녀 가지고 더 이상 장난치지 마!

적어도 자정까지는 집에 돌아오겠다고 약속해!

At least promise me you'll be home by midnight!

midnight 자정

아무리 네가 친구들하고 놀고 싶다고 하더라도 적어도 먼저 숙제는 할 필요가 있어.

No matter how much you want to hang out with your friends, you at least need to do your homework first.

* At least보다 조금 더 강조된 말은 at the very least 또는 at a minimum을 쓸 수 있습니다.
  At a minimum, he should be paid 2 million won per month. 최소한으로 그는 매달 이백만 원은 받아야 해요.

네가 늦을 것을 알았다면 넌 적어도 나한테 문자는 보냈어야지/보낼 수 있었을 텐데.

If you knew you're going to be late, you at least should/could have texted me.

A: 소개팅 나갔다고 들었어요. 어땠어요?

I heard you went on a blind date. How was it?

B: 그러니까, 그래요, 실망스러웠어요. 그녀가 저를 다시 만나고 싶지 않다고 말했어요. 하지만 적어도 그녀가 저녁은 샀어요.

So, yeah, it was a bummer. She said she didn't ever want to see me again. But at least she paid for dinner.

bummer (비격식) 실망(스러운 일)

걔는 못된 놈이지만 적어도 돈은 많이 가지고 있어.

That guy's a real jerk. But at least he's got a lot of money.

100편

'수고했다'를 영어로!

1 직장에서 상사가 부하 직원들에게 쓸 수 있는 표현

모두 수고들 하세요!
Keep up the good work, everyone!

모두들 오늘 수고해 주셔서 감사합니다!
Thank you, everyone, **for your hard work** today!

* Good job!은 어떤 한 가지 일을 했고 그 결과가 좋을 때 쓰는 표현이라 '잘했다!', '해냈다!'와 더 비슷하지만 '수고했다!'와 겹치는 용법도 있습니다.

모두들 오늘 수고하셨습니다!
Great work today, everyone!

2 부하 직원이 상사에게 쓸 수 있는 표현

〈오늘이 제가 새로운 회사에 나간 첫날이라고 합시다. 그(상사)가 신입인 저를 돌봐주고 회사가 어떻게 돌아가는지 가르쳐 줬어요. 그는 저의 모든 미래 동료들에게 저를 소개시켜 주었어요.〉
Let's pretend that today is my first day at a new job. He took me under his wing. He showed me the ropes. He introduced me to all of my future coworkers.

수고해 주셔서 감사합니다.
Thanks for taking the trouble.

take someone under one's wing 신입을 돌봐주고 챙겨주다
show someone the ropes 신입에게 회사가 어떻게 돌아가는지 가르쳐 주다

제가 여기서 처음 일 시작했을 때 회사가 어떻게 돌아가는지 일일이 설명하는 수고까지 해 주셔서
정말 감사합니다.

Thanks for taking the trouble to **show me the ropes when I started here.**

take the trouble to (do something) ~하는 고생까지 하다
go to the trouble of (doing something) ~하는 고생까지 하다

오늘 저를 직접 만나 주셔서 감사합니다.

Thanks for taking the trouble to **meet me in person today.**

* He went to the trouble of introducing me to all of my future coworkers. 그는 저에게 저의 모든 미래 동료들을 소개
시켜 주는 수고를 마다하지 않으셨습니다.

3	**동등한 사이에서 쓰는 표현**

수고하세요.

Take care. / Take it easy.

* 동등한 사이인 사람 또는 공공장소에서 마주치는 사람들에게 쓰는 표현입니다. 이 표현들은 오히려 '수고하라'는 뜻과 정반대
의 의미이기는 하지만 상황적으로는 우리가 '수고하세요.'라고 동등한 사이인 사람에게 말하듯이 쓸 수 있습니다.

유 튜 브   잉 글 리 쉬   인   코 리 언   닷   컴

마이클의 오늘의 표현

1판 1쇄 발행	2019년 03월 18일
저　　　자	마이클 엘리엇
펴　낸　이	임형경
펴　낸　곳	라즈베리
마　케　팅	김민석
디　자　인	홍수미
편　　　집	김명호, 박숙희, 정희정
등　　　록	제210-92-25559호
주　　　소	(우 132-873) 서울 도봉구 해등로 286-5, 101-905
대 표 전 화	02-955-2165
팩　　　스	0504-088-9913
홈 페 이 지	www.raspberrybooks.co.kr
I S B N	979-11-87152-26-2(13740)